「ノー」を「イエス」に変える技術

あなたのお願いを実現させる答えは、自分の中にない。相手の中にある。

「イエス」に変える7つの切り口

①相手の好きなこと
デートしてください
→「驚くほど美味しいラーメンどう？」

②選択の自由
デザートいかがですか？
→「フルーツタルトとマンゴーアイス、
どちらかいかがですか？」

③認められたい欲
残業お願いできる？
→「きみの企画書が刺さるんだよ。
お願いできない？」

④あなた限定
会議に来てください
→「他の人が来なくても、
五十嵐さんだけは来てほしいんです」

⑤チームワーク化
飲み会の幹事やって
→「いっしょに、幹事しよう」

⑥嫌いなこと回避
芝生に入らないで
→「芝生に入ると、農薬の臭いがつきます」

⑦感謝
これからも教えてください
→「これからも教えてください。ありがとうございます！」

「イエス」に変える3つのステップ

ステップ1 自分の頭の中をそのままコトバにしない

ステップ2 相手の頭の中を想像する

ステップ3 相手のメリットと一致するお願いをつくる

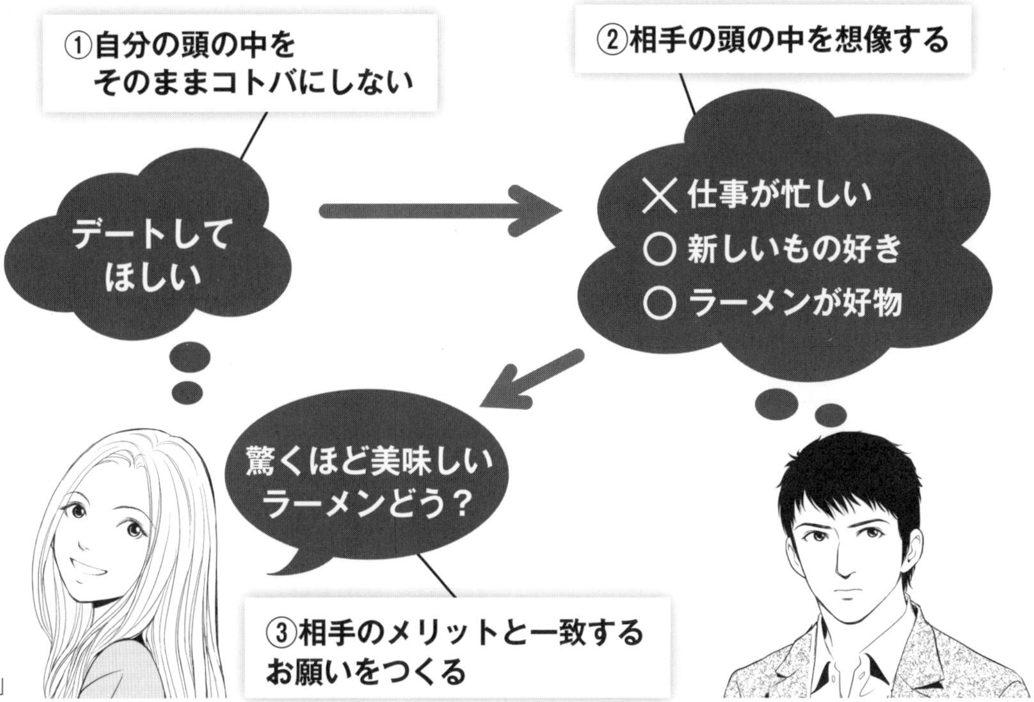

手帳にはさめる超縮小版『まんがでわかる 伝え方が9割』
—本を持ち歩かず、伝え方を持ち歩こう

キリトリ

「強いコトバ」をつくる５つの技術

この本で学べば、あなたのコトバが一瞬で強くなり、人生が変わります。

①サプライズ法

超カンタンだけど
プロも使っている技術

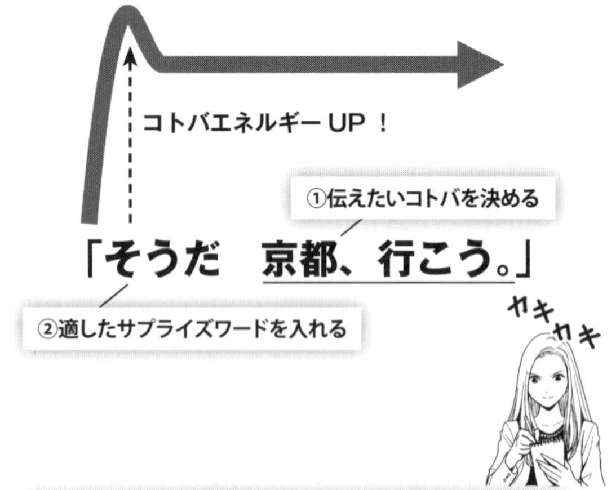

コトバエネルギー UP ！
①伝えたいコトバを決める
「そうだ　京都、行こう。」
②適したサプライズワードを入れる
カキカキ

②ギャップ法

ジョブズ氏、村上春樹氏も使う
心を動かす技術

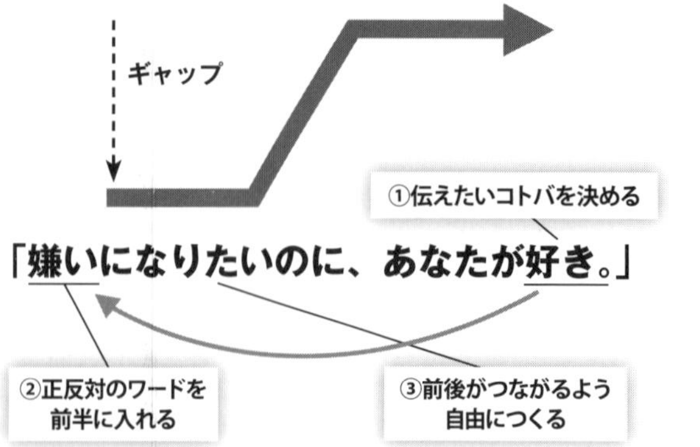

ギャップ
①伝えたいコトバを決める
「嫌いになりたいのに、あなたが好き。」
②正反対のワードを
前半に入れる
③前後がつながるよう
自由につくる

③赤裸裸法

あなたのコトバを、
プロが書いたように変える技術

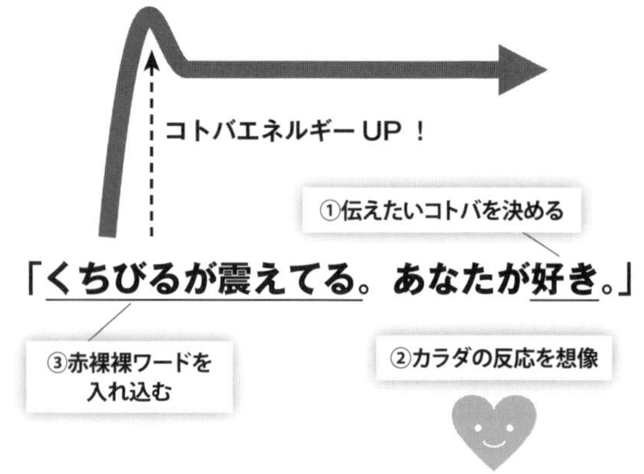

コトバエネルギー UP ！
①伝えたいコトバを決める
「くちびるが震えてる。あなたが好き。」
③赤裸裸ワードを
入れ込む
②カラダの反応を想像

④リピート法

相手の記憶にすりこみ、
感情をのせる技術

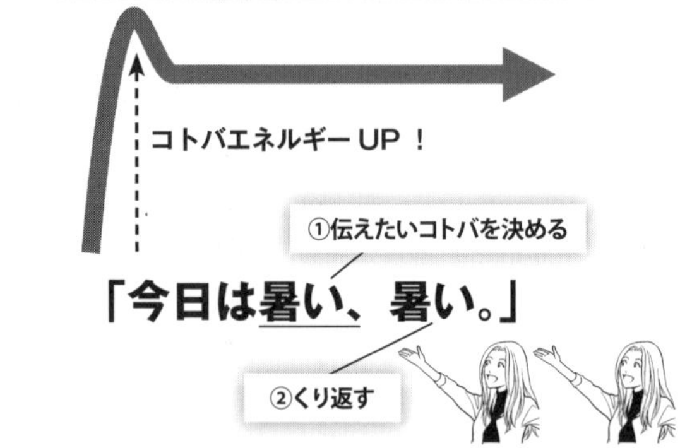

コトバエネルギー UP ！
①伝えたいコトバを決める
「今日は暑い、暑い。」
②くり返す

⑤クライマックス法

寝ている人も目をさます、
強烈なメッセージ技術

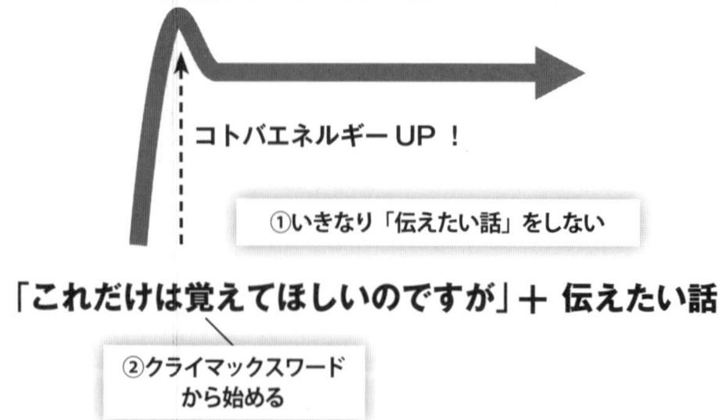

コトバエネルギー UP ！
①いきなり「伝えたい話」をしない
「これだけは覚えてほしいのですが」＋ 伝えたい話
②クライマックスワード
から始める

キリトリ

まんがでわかる 伝え方が9割

佐々木圭一
星井博文［シナリオ］
大舞キリコ［作画］

ダイヤモンド社

主　な　登　場　人　物

五十嵐《いがらし》 舞《まい》

女性ファッション雑誌
『BB』編集者

営業から、念願の編集部に来て２年目。夢はトレンドを生み出すこと。でも現実はきびしく仕事はイマイチ。恋愛もこじらせ中で、いつふられてもおかしくない状況。隠れ巨乳。

マリア

謎のオネエ

舞が運命的な出会いをしたオネエ。舞にトラブルが起こるたびに「伝え方の技術」を伝授し、成長に導いていく。実は隠された、すごい過去がある。化粧を落としたら、まったくの別人。

二階堂順子《にかいどうじゅんこ》

『BB』編集長

発行部数にこだわる、シビアで保守的な編集長。前はヒットを連発した名編集者だったというウワサも。

八田憲一《やだけんいち》

『BB』の
副編集長

編集長の理念を受け止め、編集部を仕切っている。マリアの隠された過去を知っているらしい。

赤城良太《あかぎりょうた》

『BB』の
後輩編集者

一見チャラそうなルックスだが、仕事も負けずとチャラい。仕事はラクしたいが、評価はされたい。

高橋《たかはし》　豊《ゆたか》

『BB』の
先輩編集者

仕事そっちのけで、合コンばかりしている。その割に先輩づらをする、たちの悪い先輩。

祐二《ゆうじ》

舞の彼氏

忙しい舞と連絡がとれず、イライラがたまって爆発寸前。イケメンだがちょっと女々しい。ラーメンが大好物。

プロローグ

伝え方にも技術があった！

頭が痛い

念願の『BB』編集部に配属された舞だが、自分の伝えたいことがうまく伝えられず、失敗の連続。そんなある日、ひょんなことで知り合った謎のオネエから「伝え方」には技術があると言われる。

仕事がうまくいかないのは伝え方がへただからなの

ワイワイ
ペチャ
ペチャ
ペチャ
ペチャ
ペチャ
ペチャ
……
そわ
そわ
そわ
そわ
そわ
そわ
そわ
そわ
トントン
そわ
そわ
女性ファッション雑誌『BB』
編集者　五十嵐《いがらし》　舞《まい》
パンケーキ大好きで
なら表参道に新しいお店が
あの!!
そろそろいいですか…
もうメイク終わりましたよね

無理でぇす
なに
まだヘアメイク終わってないんでぇ
もうちょっと待ってくださぁい
ガタ
ねぇ
ですが…
スケジュールではもう撮影の時間なんで
…
そんなこと言われても前髪が決まらないと調子でないのよね
オイ オイ
主役はその服だよ
早く撮らないと陽が沈んじゃう
太陽さん沈まないでぇえええ
今度彼と行ってみるわ
好きだと思うな
せっかくのロケーションがあぁあぁ

女性ファッション雑誌『BB』
女子大生をターゲットとしたファッション誌
BB
特別付録 PRIDE BLUEのトートバッグ
6 ビーピー JUNE 定価670yen
本村有哉 2万字ロングインタビュー
展示会場を公開
海外セレブの
必勝ダイエット法
20代からの保険
男性にウケる服、ウケない服
BBモデルのコーディネート
「カジュアル」で「おしゃ」な
大人コーデ
発行部数15万部
営業から念願の編集部に配属されて2年目…
編集長になって社会を動かすようなトレンドを生みだすことを夢見てこの世界に入ったけど…
営業部
売れる雑誌つくってね
やってやるわよ
BB
ギィイィーン
ダッシュ〜
現実は厳しい…
何だこの企画!!
やり直し
ギァァアアア
ただいま戻りました…
フラフラ
ドタン
ど〜

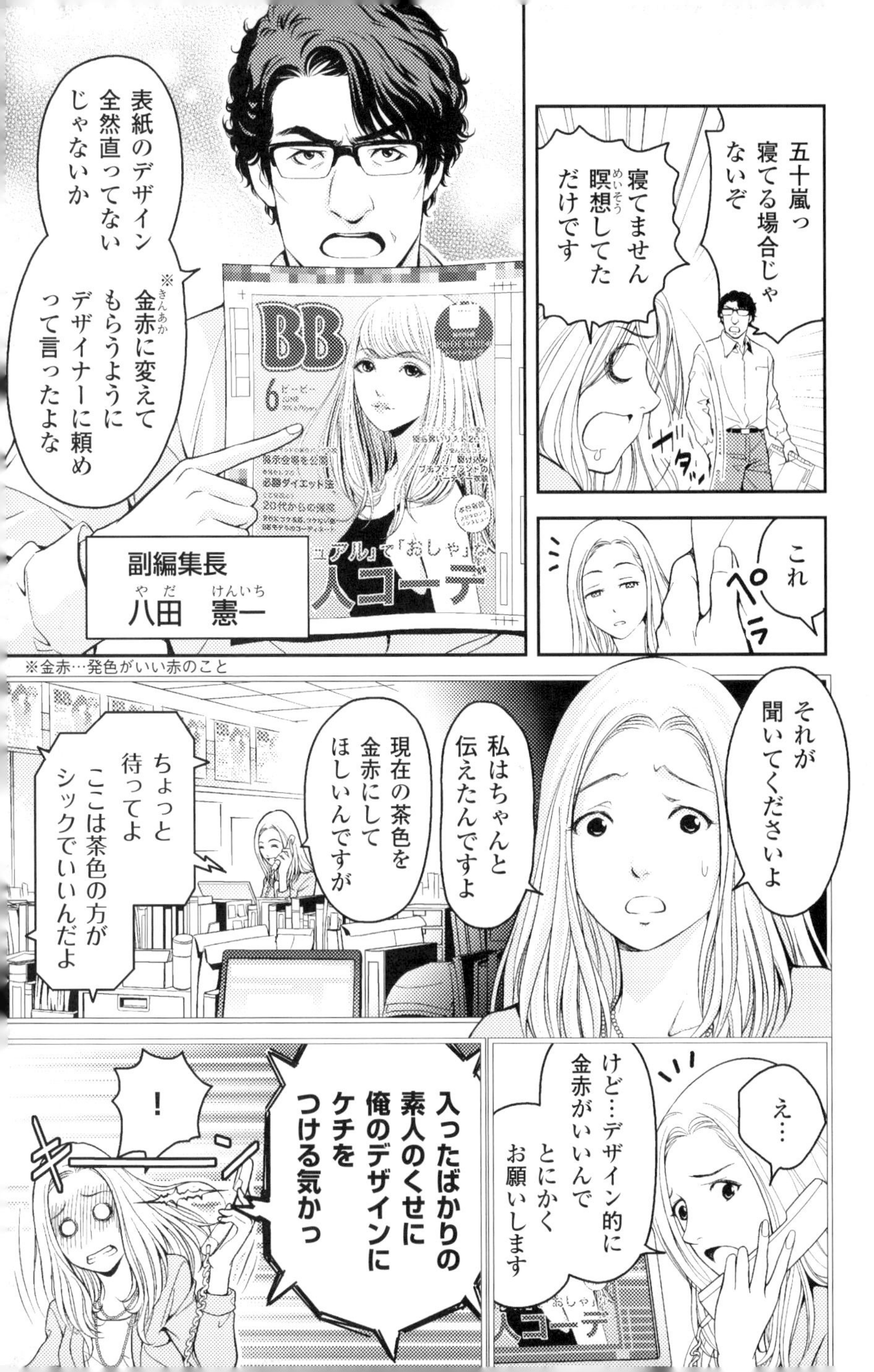

※金赤…発色がいい赤のこと

いやっ そういうわけ じゃなくて…
ガチャ
って電話 切られちゃい ました…
お前… オレが言ったまま 伝えたの？
もー サイアク…
え… ダメだったん ですか…
はぁぁぁぁぁ
いいか お前の ダメ出しは
そこらの なんっにも知らない 小学生に仕事の ダメ出しされてる ようなもんだぞ
しょ 小学生？
おじちゃん デザインがいまいちだよ
はぁ!!
ムカ
言いかたってもんが あるだろ
デザイナーだって プライド持って 仕事をしてくれてん だからさぁ…
『デザイン的に 金赤にしろ』だと ふざけるな
小娘めがっ
け… けど
余計な仕事 増やすなよな
す… すみません
すぐに 謝罪を…
もう いいよ
おい高橋 デザイナーに 謝っとけ
ええ なんでワイが
後輩の 面倒見るのが 先輩の仕事だろ
そんなぁ ワイも忙しいのに
またやって しまった…
いつも 大変っスね

見てて飽きないっス
後輩
赤城《あかぎ》 良太《りょうた》
うるさいわね
そこまで人に迷惑かけるの才能っスよ
ストレスにはみたらし団子が一番!!
この前の特集のときも女優さんに…
ピクッ
どうして私がこんな新人のあとのページなのよっ!
ヘシッ
冗談じゃないわ! 順番変えなさいよ
……
それは…企画段階で順番が決まってまして…
聞いてない

結局順番変わっちゃいましたし
しかたないじゃない
女優のわがままは
よくあることなのよ
私は悪くない
五十嵐さん あなたの責任よ
へ…編集長っ!
わっ きたね
頭が痛い
旬なモデルを先にだせなかったことで部数も下がるわ
編集長
二階堂《にかいどう》 順子《じゅんこ》

遊びでやってるんじゃないのよ
ギロッ
ギッ
す…すみません…
いつになったら戦力になってくれるのか…
編集長機嫌悪いね
そこっ
無駄づかいしない
すっすみません…
また発行部数減ったそうですよ…
最近どんどん落ちていくわね
当たり前ですよ
いつも同じような特集やってれば誰も買わなくなりますよ
俺が編集長だったら世間を驚かすような企画やるのにな
プルプル

そうよねっ！
私もそう思うわ！
世の中を動かすトレンドをつくりたいよね！
バン
五十嵐さんもっスか
高校のころ背伸びして買ってたBBはどの特集も時代の先を行ってる感じがして
ワクワクしてたもん！
やっと発売日だ
だからこの会社に頑張って入社したのに…今じゃ
モテる女子
モテない女子
BB
二階堂編集長のもととにかく売上を落とさないために昔ヒットした企画の焼き直しばかり
もう作り手側もゲップでますよね
偉そうなこと言うな
編集長には編集長の考えがあるんだよ
いつか私が…
おいおい

※校了…編集作業が終わったこと

五十嵐さん
頑張ってください…
赤城
お前もだよ
ええ
俺もっスか!?
ガタン
ゴトン
ガタン
ゴトン
新刊
BB
トレンドを
つくる…か

あのときの感動を…
私も伝える側になって世の中を動かしたい…そう思ってた
けどそんな理想は…
現実に忙殺《ぼうさつ》され…くすみ…
いつの間にか心の奥の引き出しにしまい込んでる…
書店で自分が担当した雑誌が並ぶと…
少し罪悪感にさいなまれる…
6 ビービー JUNE
展示会場を公開
必勝ダイエット法
20代からの保険
「カジュアル」で「おしゃ」な
大人コーデ

いつか
私が…
いつかって…
いつよ…
このままじゃあ
ダメ…
それはわかって
いるんだけど……
ガタン
ゴトン
ただ
現状を変えるには
どうしたらいいのか…
わからない
ゴトン
カタン
カタン
ゴトン
ぐ〜
ぐ〜
ドキ
ドキ

本
……
ふう
まぁ雑誌ができあがってしまえば問題になったところも目立たないわね
パタン
来月こそ頑張ります
ごめんなさい
相変わらずつまんない雑誌ね
ピクッ

フーー
これもネーミングを変えただけで同じ特集じゃない
謎のオネエ
マリア
うわっ へたな写真
なにこれ
正気かしら
わ…
オネエ…初めて見た…！
私より化粧しっかりしてる
BB嫌いなのかな…関わらないようにもう行こう…
これじゃあモデルのよさを殺してるわ
スッ
そりゃ部数も落ちるわけよね
ピク
……

あー
くだらない
ゴミよ
ゴミ
つまんない
誰が買うのよ
こんな雑誌
ちょっと
なんてこと
言うん
ですか！
どこが
くだらないん
ですか！
一生懸命
作ってるんですよ！
なによあんた？
BBの
編集やってる
ものです
……
そのおブスな
格好で？

ほっ…
ほっといてください！
昨日徹夜だったんですよ
ザワ ザワ ザワ
なんだ？
ケンカか？
おブスを仕事のせいにしたら女は終わりよ
オネエに言われたくないっ！
あなた、どうしてBBを悪く言うんですかっ
本当のことを言っただけじゃない
この様子じゃ
どうせまだあの頭が固い二階堂が編集長やってるんでしょ？
編集長と知り合いなんですか？
違うわ
誰があんなヤツとヘドがでる
二階堂に言っておいて
このモデルが着てる服
！
え…私のページ!!

夜より夕方に映えるわよ
！
……
まだメイク終わってないんでぇ もうちょっと待ってくださぁい
ウソでしょ 意図通り撮影できなかったのがバレてる…
それに表紙の文字の色
企画に合ってないわね
今回のテーマだともっと元気に金赤つかわないと
どうせデザイナーのセンスだろうけど
『デザイン的に金赤にしろ』だと ふざけるな
小娘めがっ
それも私じゃん
それに一番ひどいのがモデルの順番ね
こんな落ち目の女優を前に持ってくるなんて
ありえない
順番変えなさいよ
うっうっう…もうやめて〜…
担当の顔が見てみたいものよ
ぜ…全部私です
ズ〜ン

こんな雑誌をつくってちゃ
休刊になるわよ
ドキン
私には関係ないけど…
まぁ…あんたも頑張んなさいね
ノバイ ノバーイ
そ…そんな…
ちょっと待ってくださいっ!
なによっ
サボってるわけじゃないんです
これでも頑張ってるんです
わからないんです…
あら言い訳…?
仕事もおブスなのね
あんたのいい加減な仕事のせいでBBブランドが傷つくわ
え?

まだメイク終わってないんです
時間が押してるのにモデルを説得できないし…
お前になにがわかるってんだ
デザイナーに手直しをうまくお願いすることもできない…
いいから私をメインにしなさいよ
女優のワガママもうまくかわせない…
どうしたらいいのかぁ…
え
ちょっとメソメソしないでよ
女ってすぐ泣くから嫌い
泣くと余計おブスよ
泣いてません
だったら編集者なんて辞めなさい
そんななんとかしてください
なんで私がっ
めちゃくちゃ的確に問題点を言い当ててるじゃないですか!
私は昔のBBのように時代を切り開く雑誌にしたいんです!
ピク
!

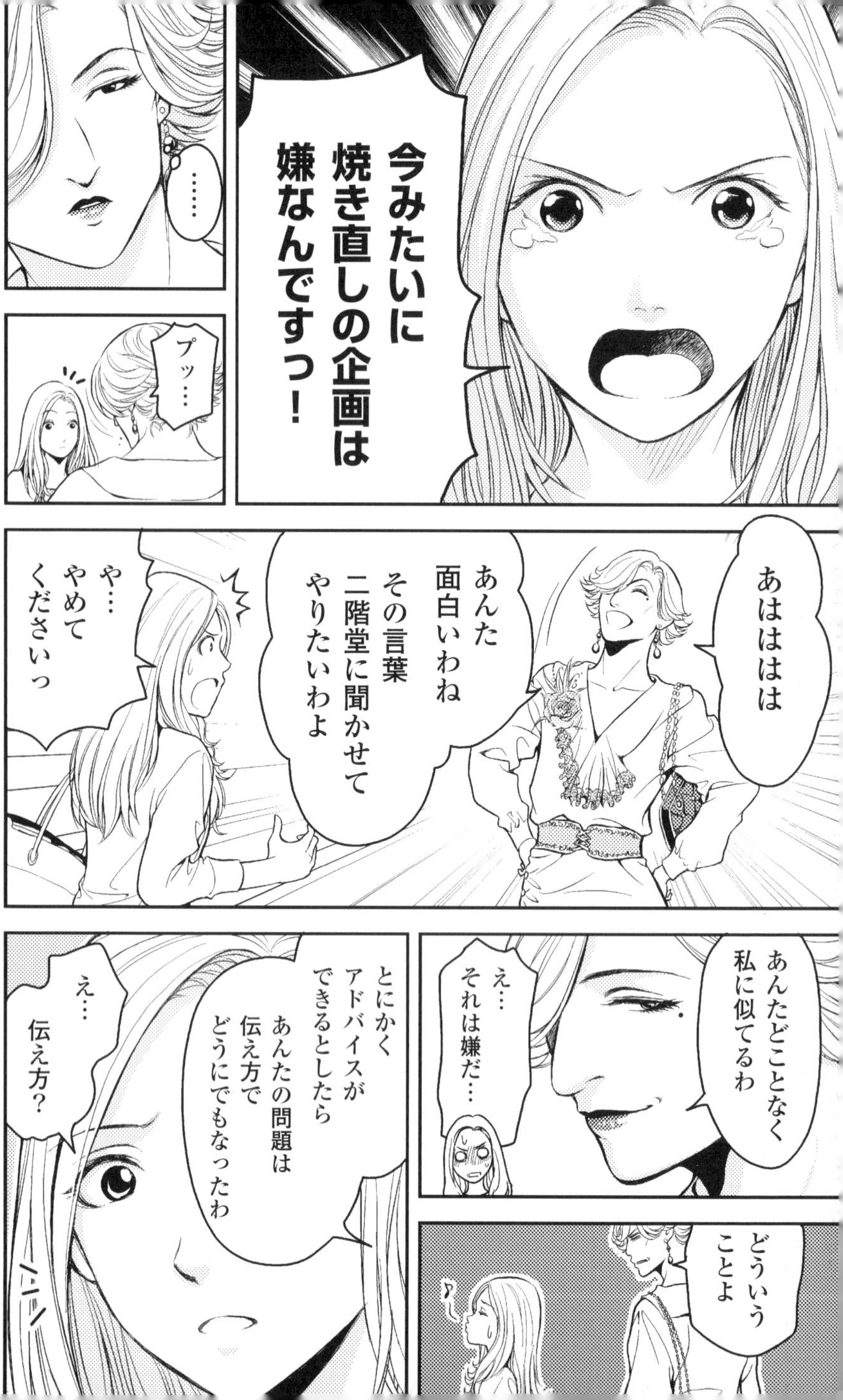
今みたいに焼き直しの企画は嫌なんですっ！
……
プッ…
あはははは
あんた面白いわね その言葉二階堂に聞かせてやりたいわよ
や…やめてくださいっ
あんたどことなく私に似てるわ
え…それは嫌だ…
どういうことよ
とにかくアドバイスができるとしたら
あんたの問題は伝え方でどうにでもなったわ
え…伝え方？

ぐッ
仕事がうまくいかないのは伝え方がへただからなの
同じ内容でも「ノー」を「イエス」に変える伝え方があるわ
それは誰にでも身につけられる「技術」なのよ
お客さま店内で騒がないで下さい～
うるさいわね
ギュッ
う～っ
タップタップ

伝え方にも技術があった！

——なぜ同じ内容なのに、伝え方で「イエス」「ノー」が変わるのか？

確率0%を、アリに変える！

——すべてのことで可能性が増えれば、人生は変わる

「この領収書、おとせますか?」

使える経費が満足とは言えない今、これほどオフィスで緊張感の走るコトバも少ないでしょう。一瞬かるい電流が走ったような。横に座る人も振り向きます。

そして事務のお姉さんは、あなたに目を合わせることなく無表情に言うでしょう。

「それはおとせません」と。

なにがいけなかったのでしょう。あなたが誰と飲んだかわからない領収書を持ってきたから?　それもあるかもしれません。ですが、通すのにふさわしい伝え方をしなかったことに問題があるのです。

では、こう言ってみたらどうでしょう?

「いつもありがとう、山田さん。この領収書、おとせますか?」

たったこれだけの差で、成功率が上がります。理由が2つあります。

なぜなら、**「ありがとう」と感謝するコトバに、人は否定をしにくいから**です。これは、人間が生まれ持った本能で、自分を認めてくれる人のことを「サポートしたい」という意識が生まれるのです。

さらになぜなら、**「山田さん」と名前を言われると、人は応えたくなるからです。**これにより、山田さんは「この私」に対して感謝していると感じ、あなたのことをちょっと身近に感じます。人は、関係ない人には断りやすいですが、近い人には断りにくいですよね。

もちろん必ずOKが出るわけではありません。ですが、今まで0%だったものが、いくらかでもアリになれば、人生は明らかに変わります。認められなかったものが認められるようになります。受からなかったものが受かるようになります。

就職活動で、プレゼンで、好きな人への告白で、友だちへのお願いで。

それらすべて、伝え方で成否が変わるものです。面接なんてまさにそうです。面接会場で自分の人生を生で見せることはできませんから、伝え方だけであなたのことを判断されるのです。

人生は、小さなものから大きなものまで、伝え方で変わります。しかも人生の節目になるような、重要なポイントになればなるほど、伝え方がダイレクトに結果にむすびつくのです。

私はもともと普通の人よりも伝え方がへたくそでした。だからこそ、コピーライターとして生き延びるために十数年かけて、ひとつひとつ発見し、誰でもコトバをつくれるよう体系化しました。あなたも自分の日常から、試行錯誤の上で伝え方の技術を身につけることもできますが、それだと辿り着くまでに十数年かかってしまいます。効率がよくない。この本を読めば、私のように回り道をしなくても魅力的なコトバを最短でつくれるよう構成してあります。**私が膨大な時間とトライ&エラーで導き出した方法論を整理しました。この本は最短距離で、あなたのコトバ／伝え方を磨くためのガイドだと思ってください。**そこに、あなたの経験や工夫を加えることができれば、さらに圧倒的な人生を切り開く力となるでしょう。

実は、伝え方は学べる。
それを知っている人は
少ない。

まんがでわかる
伝え方が9割
目次

第2章
「イエス」に変える「7つの切り口」①

第3章
「イエス」に変える「7つの切り口」②

第4章

「強いコトバ」をつくる技術

第1章

「イエス」に変える3つのステップ

伝え方を変えるだけで、「ノー」を「イエス」に変えられると言う、謎のオネエ。
それは「誰にでも身につけられる」と言うが……

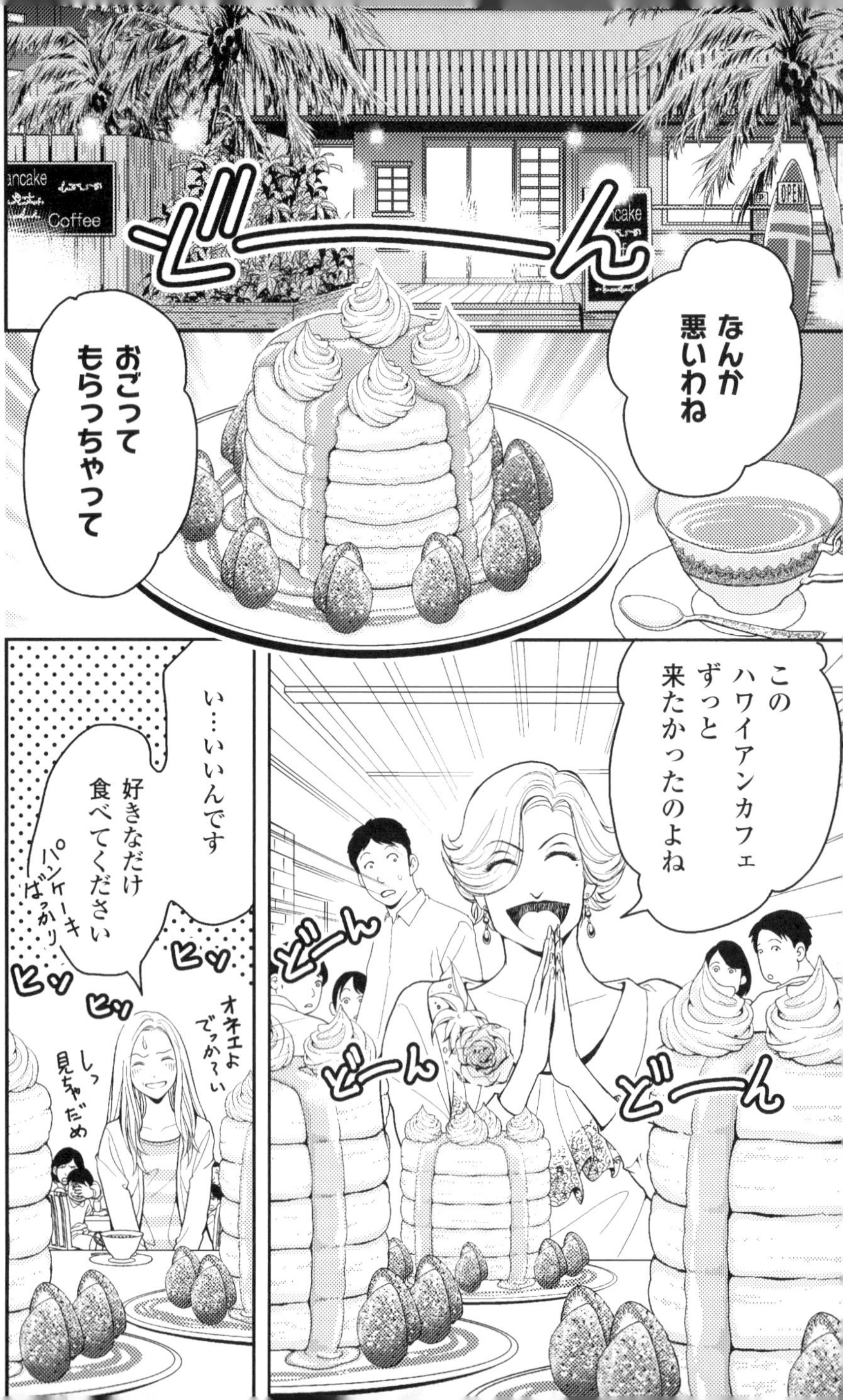
ancake
Coffee
ancake
OPEN
どーーーん
なんか悪いわね
おごってもらっちゃって
このハワイアンカフェずっと来たかったのよね
い…いいんです
好きなだけ食べてください
パンケーキばっかり
ヒッ
ヒッ
ヒッ
どーん
オネエよでっか〜い
しっ見ちゃだめ
どーん
どーーん

だから
教えてくださいよ！
パク
えっと
なんだっけ？
パク
パク
パク
パク
言ってましたよね
私の伝え方が
へただって
ダン
けど「技術」で
なんとかなるって
同じ内容でも
「ノー」を「イエス」に
変える伝え方があるわ
それは誰にでも
身につけられる
「技術」なのよ
…
パンケーキ
なくなっちゃった…
えっ
もう⁉
モノ足りないなぁ…
パンケーキ
もうひとつ
急いでっ！

ぷぅはぁ
満足♪満足♪
早く
その「技術」教えてください
うるさいわね
そんなんだから伝え方おブスなのよ
うぐ…
今の言いかたもそうだけど あなたの伝え方は温泉でのお気楽ピンポンをやっているレベルなのよ
ピンポン？
つまり何も考えずにとにかく来た球を打ち返す言葉のラリーをしているだけ
そんなのみんなそうじゃないですか
そうよでもね…
え…

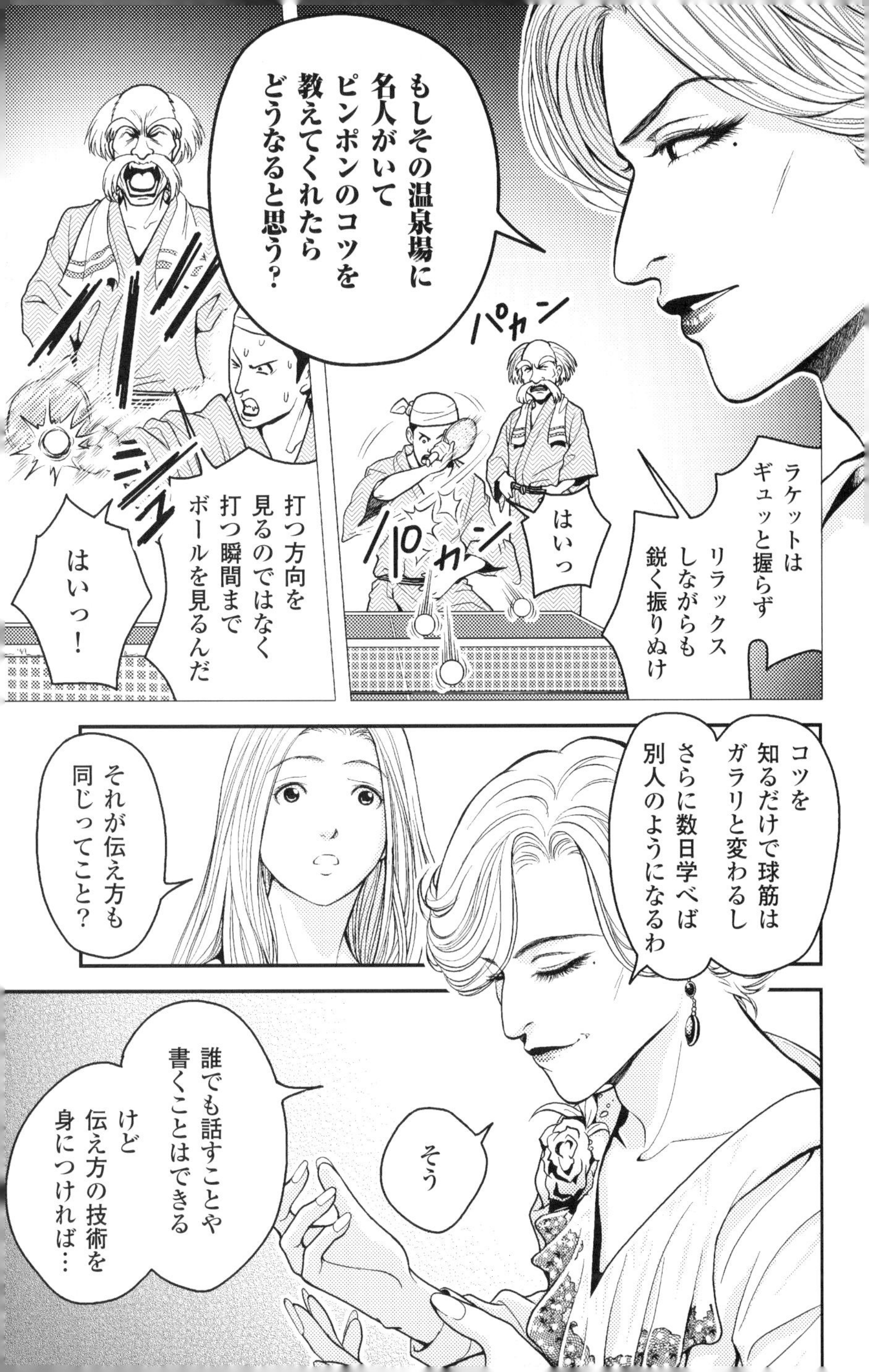
もしその温泉場に名人がいてピンポンのコツを教えてくれたらどうなると思う?
パカーン
ラケットはギュッと握らずリラックスしながらも鋭く振りぬけ
はいっ
パカーン
打つ方向を見るのではなく打つ瞬間までボールを見るんだ
はいっ!
コツを知るだけで球筋はガラリと変わるしさらに数日学べば別人のようになるわ
それが伝え方も同じってこと?
そう
誰でも話すことや書くことはできるけど伝え方の技術を身につければ…

いつだって心に響く
コトバのスマッシュを
打てるようになるの！
決まった…
チラ
どうしたの？
う～～ん
…
本当に伝え方で
人の心なんて
変えられるのかな

じゃあ実際に試してみる？
え？
問題
あなたはこのカフェのウェイトレス利益の高いデザートも食べてもらいたい
どうやってお客に伝える？
むむ…
う〜ん…
デ…デザートはいかがでしょうか？
0点
あんただってそれじゃ注文しないでしょ
ガーン
た、たしかに…

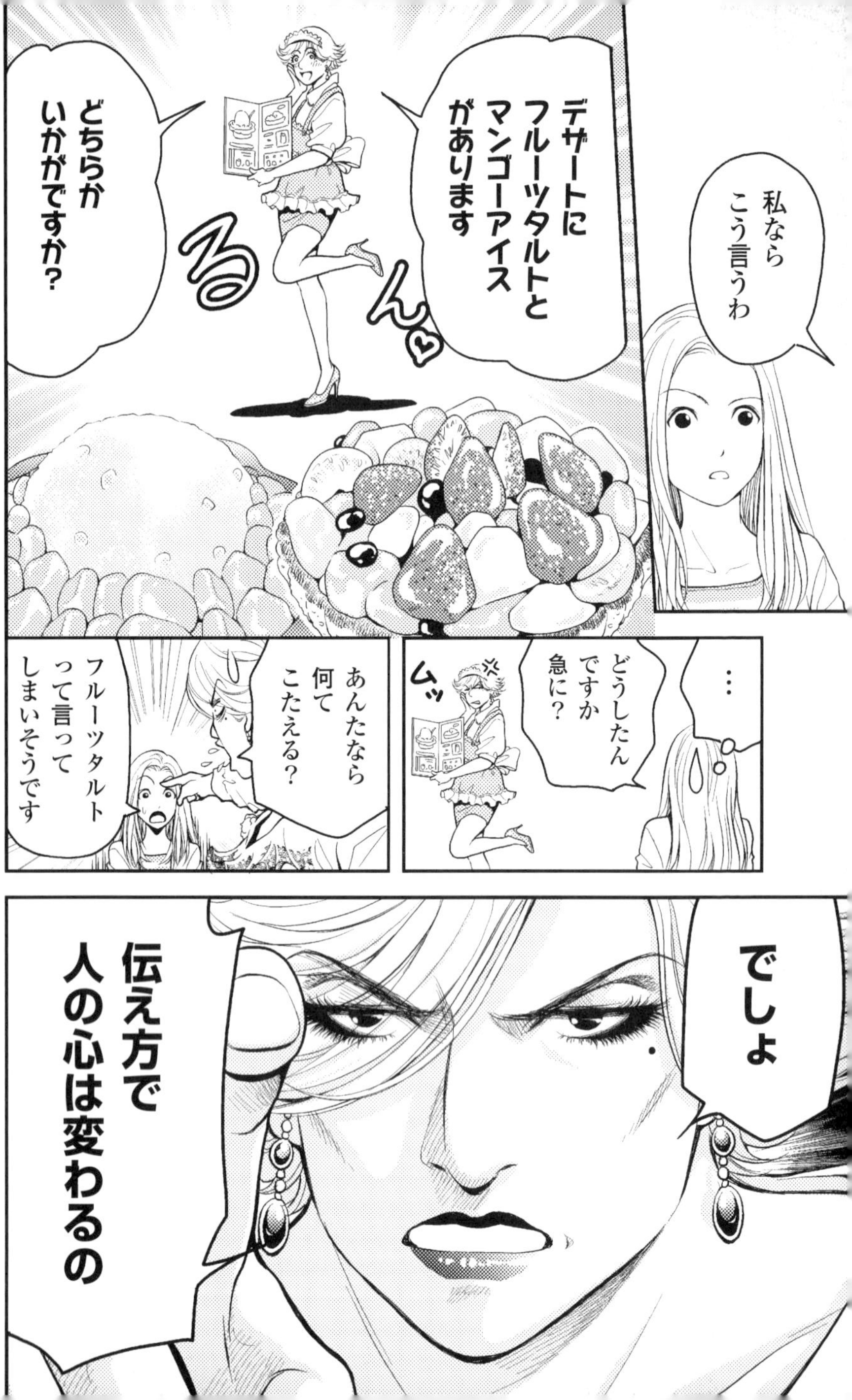
私なら
こう言うわ
デザートに
フルーツタルトと
マンゴーアイス
があります
どちらか
いかがですか？
るん♡
…
どうしたん
ですか
急に？
ムッ
あんたなら
何て
こたえる？
フルーツタルト
って言って
しまいそうです
でしょ
伝え方で
人の心は変わるの

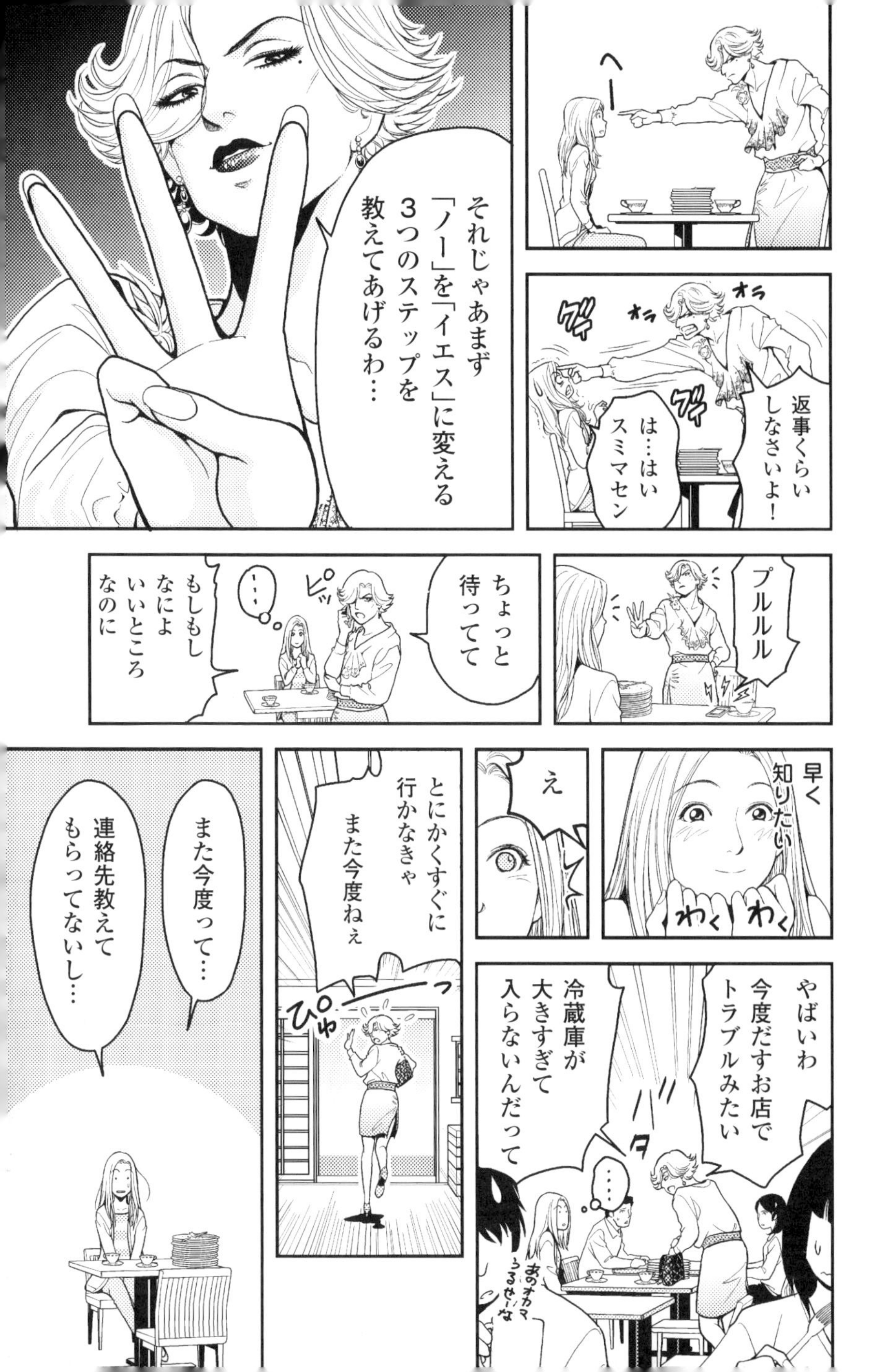
へー
グイ
オラ
オラ
返事くらいしなさいよ！
グイ
は…はい
スミマセン
それじゃあまず
「ノー」を「イエス」に変える
3つのステップを
教えてあげるわ…
プルルル
ちょっと
待ってて
ピッ
・・・
もしもし
なによ
いいところ
なのに
早く
知りたい
わく わく
え
やばいわ
今度だすお店で
トラブルみたい
冷蔵庫が
大きすぎて
入らないんだって
バタ
・・・
あのオカマ
うるせーな
とにかくすぐに
行かなきゃ
また今度ねぇ
ぴゅーっ
また今度って…
連絡先教えて
もらってないし…

ガチャ
最悪…
結局
大切な話が
聞けなかった…
なんとかして
探しださないと
7千円も払ったし…
ガヤ
ガヤ
五十嵐っ
帰ってきたかっ
ガヤ
ガヤ
次の
広告タイアップページ
やってくれ
ええっ
手いっぱいで
無理ですよ
しかたないだろ
赤城が
倒れたんだ
手分けして
やるぞ
そんな…
夢は一丁前に
語るくせにっ！
倒れんなよ
オレも世の中
動かしたいっス
世の中より
まず自分が
動けぇ〜〜っ!!
カタカタ カタカタ カタカタ

もっと大きくできないんですか!?
うるさいなぁ〜っ
ひーっ
資料が多すぎ〜
あの…早くして下さい
順番あるんだよ
もおおマリアさんどころじゃない
こ…こんな時にかぎって再構成なんて
数日後
すみませんっ
ご迷惑おかけしました
へへ…
今日からバリバリ働きます

あれ みんなで 昼寝っスか？
グッタリ〜
殺すぞ
全部終わってから戻りやがって〜
あんたのせいで マリアさんを 探す暇なかったわよ
あ〜 眠い・・・
誰ですか それ？
あたらしいモデル？
オネエ
ぐ〜
え オネエ？
五十嵐さん そっちに 走ったんですか？
いよいよ 現実逃避っスか
違うわよ
やたら雑誌に 詳しいオネエと 出会ってね
ひよ〜
ビックリ
はあ〜 帰ろ
マリアさん だったら 私を成長に 導いてくれると 思うのよ
なに それ？
マリアさん
副編集長 マリアさん ご存じですか？
ああ 昔の先輩から オネエバー開店するって お知らせが来てたな
その人も 源氏名《げんじな》がマリアだぞ

そのお店
連れてって
ください
ち…
近いって
いらっしゃ〜いん!
あら
八《や》田《だ》ちゃん
お久しぶり〜
相変わらず
つまんない雑誌
つくってるわね
勘弁して
くださいよ
ぬっ
入れよ

見いつけた
あら　あんた よくここが わかったわね
だって マリアさん
二階堂編集長と 知り合いっぽかったし
雑誌にもやたら 詳しかったでしょ
あの頭の固い 二階堂が編集長 やってるんでしょ?
フフ…
もしかしたら BBの関係者の誰かと つながっているかも しれないと思ったんです
金田一耕助《きんだいちこうすけ》か お前は…
真鍋さん コイツと知り合い なんですか?
ニコニコ
まぁ色々 あってね
ここでは マリアよ
お2人は どういう 関係なんですか?
ん
俺がBBに 配属されたときの 副編集長で…
まさに 生きる伝説
伝説…?

この人が
当時の女性ファッションを
つくったと言っても
過言じゃない
ドドドド
飛ぶ鳥もBBを読んで
服を買いに行く
勢いだった
オオオ…
8年も
前の話よ
他の
お客さまに
迷惑よ
カチ
8年…
ハッ
!
それってつまり
私が学生のころ
読んでたBBの
こと!?
私の人生を
決定づけた人が
オネエ!!!
ひひいいい
何をショック
受けてるのよ

まあいいや
ともかくようやく会えたんです
この前の続き教えてください!
あんたね相変わらず伝え方がおブスね
一杯も飲まないで話せって言うつもり?
あ…
とりあえず注文しようか
1時間後
うげ…気持ち悪い…
赤城のせいで
ほとんど寝てないんだった～…
死ぬほど弱いな
カルーアミルク半分だぞ
開店おめでとう
お祝いに今晩ワンナイトどう?
マリアさんなんでうちの会社辞めちゃったんですか?
スッピン見ないで
いいなぁ考えるよ
ちょっと～
…

教えない
そんなぁ
絶対に誰にも言いませんから
わっわかったよ
うるさいわねぇ〜
二階堂さんだよ
えええ
新任の編集長とそりが合わなかったんだよ
新任の編集長って誰ですか？
鈍いな
カラン
あのころのマリアさんはとんがった企画を発信したいタイプでな
だからそれじゃあ誰も読まないわよ
けど…二階堂さんはとにかく発行部数を減らしたくない
現状維持派
あなたの自己満足でやってるんじゃないのよ
二階堂さんとマリアさんは毎日ケンカしててな
俺は2人の言い合いが怖くていつも震えたよ…
カラン
けどどっかで本音でぶつかり合える2人が羨ましかったかな…

くー
って
寝てるし！
語っとった
自分が恥ずかしいわっ
数時間後
くーもう
食べれ
ませーん♡
そろそろ
起きなさい
じゃーー
わぁっ！
なっ
なんですかっ
店閉めるわよ
もう閉店よ
帰って
これ以上起きてたら
お肌が
荒れちゃうでしょ
嫌ですよ
この前の話の続き
まだ聞いてません！
寝ちゃった⁉
八田さんは？
とっくに
帰ったわよ

本当にしつこいわね
お願いします
あんた若いころの私そっくり
それはイヤッ
…
…
いいわ…「イエス」に変える3つのステップってところまで…だったわよね
カチッ
モワ
タバコやめてもらえますか
くさ〜
それがダメなの
え…
あなたのお願いを実現させるこたえは
『自分の中にない！相手の中にある』のよ
相手の中…？

STEP 1
そのための3つのステップ まず ステップ1
『自分の頭の中を そのまま コトバにしない』
たとえば… あんた彼氏いる? いなそうだけど
いますよ! もう3年に なります
ドン
ナマイキね どうせ 倦怠期《けんたいき》でしょ
うっ…
なぜ それを…
その男に デートしたいって言ったとするでしょ どうせ あんたみたいなオンナ
『忙しいから また今度』 とか言われて 延期されるんでしょ
なんで わかるのっ!
きゃふん
ふふふ… やっぱり 思ったまま 言うと 「ノー」となる 可能性は高いの
うう…
なんでもストレートに 伝えるのは ギャンブルと同じよ
お願いを するときは 口にだす前に 一度 立ち止まって 考えるの
立ち止まって 考える…

立ち止まって『相手の頭の中を想像する』の
トントン
それがステップ2
STEP 2
相手の頭の中か…
×仕事が忙しい
○新しいもの好き
○ラーメンが好物
「新しいもの好き」と「ラーメンが好物」かな
それがこれからどう伝えるかのヒントになるわ
最後ステップ3
『相手のメリットと一致するお願いをつくる』
STEP 3

お願いをつくる？
イエスをもらうためのコトバよ
相手が「新しいもの好き」「ラーメンが好物」
という情報があるならばそれを満たすコトバ
驚くほど美味しいラーメン屋見つけたんだけど行かない？
じゅる
…
わーい
行ってくれるかも…
私も行きたい
でしょ
私はお肌にわるいから行かないけど
「デートに行こう？」だと断られても
美味しいラーメン屋ならいっしょに行ってくれそうじゃない
デートに行こう？
NO
美味しいラーメン屋
Yes

目的は
デートだった
わけだから
結果的には
あなたが求めている
ことが叶う
そう
ですね
この3つのステップを
まず実践してごらん
フゥー
きっと人生が
変わるから
マリアさん
タバコをやめると
驚くほど肌が
キレイになりますよ
スッ
嫌な
オンナね
ギュッ

はあぁ
眠い…
今日早朝から撮影あるの忘れてた…
五十嵐さん昨日と同じ服ですね まさか副編とっ!?
ギョ ギョ
バカなこと言わないの
私をおいてかえったのよ
今日の中原さん気難しい女優で有名ですから 変なトラブル起こさないでくださいよ
知ってるわよ 相変わらず一言多いわね
この3つのステップをまず実践してごらん
きっと人生が変わるから
できればつかわないで無事に終わるほうがいいんだけど…
中原さん入られます

おはようございます
今日はよろしくお願いします
朝早くからすみません
ホントよ
ギロッ
睡眠不足はお肌によくないのよね
バタン
あいかわらず不機嫌ですね
マリアさんといい
肌のことばっかり…
…

メイク
終わりました
さっそくですが
まずは外での
撮影お願いします…
イヤ
え
寒いから
朝は外で
撮影したくない
でた———!!
安定の
ワガママ女優
しかしですね
スケジュールで
決まっているので…
知らないわよ
別に屋内でも
いいじゃない
とにかく外は
寒いし
お肌によくないの
イラッ
けど
もう準備を
しているので
だったら
準備し直せば
いいじゃない
イラ
イラ
イラ
少しくらい
待つわよ
ピリッ
プル
プル
プル
プル
五十嵐
さんっ
だぁ

スケジュールは前もって提出してっ…
おバカっ！
ボスッ
?
3つのステップを実践するんでしょ
さっそく忘れてるしほんとにおバカね
まずなにするんだっけ？
?
?
ス…ステップ1…
えっと…『自分の頭の中をそのままコトバにしない』
あぶない…
イガラシさん…？一人で何やってんですか～…
思ったことをストレートに言いそうになってしまった…
あんた大丈夫
えっと…ステップ2『相手の頭の中を想像する』
なに見てるのよっ
中原さんの頭の中か…

昔は売れっ子
女優だったけど
最近は下降気味…
再び表舞台に
戻る気でいるはず…
じーーー
なによ
雑誌の写真も
こだわりは強く
人一倍キレイに
写りたいと
思っているはず…
じー…
や…やめてよ
キッ
睡眠不足は
お肌によくないのよね
ロッ
お肌への
気配りは
半端ない…
チラ
ステップ3
『相手のメリットと
一致する
お願いをつくる』
お肌のことを
ほめる
コトバをつくる…
イガラシさん…
もうちょっと
まってて
もう少しで
開きそうなの
いい写真を
撮りたい…
お肌への
こだわり…
ガチャ

ゴォォォ
ゴゴゴ
「中原さん
肌がきれいだから
朝の光で
撮影したいんです」
これだ！
中原さんの肌
とてもきれいだから
一番キレイに撮れる
朝の光で
撮影したいんです
五十嵐さん…

そうなの！
それじゃあ
急がなきゃね
バッ
この3つのステップを
まず実践してごらん
きっと
人生が変わるから
なにしてるのよっ
早くしないと
陽が
のぼるでしょっ！
あなた
早くっ
はっ
はいっ！
す…
すごい…
本当に「ノー」を
「イエス」に
変えちゃった…

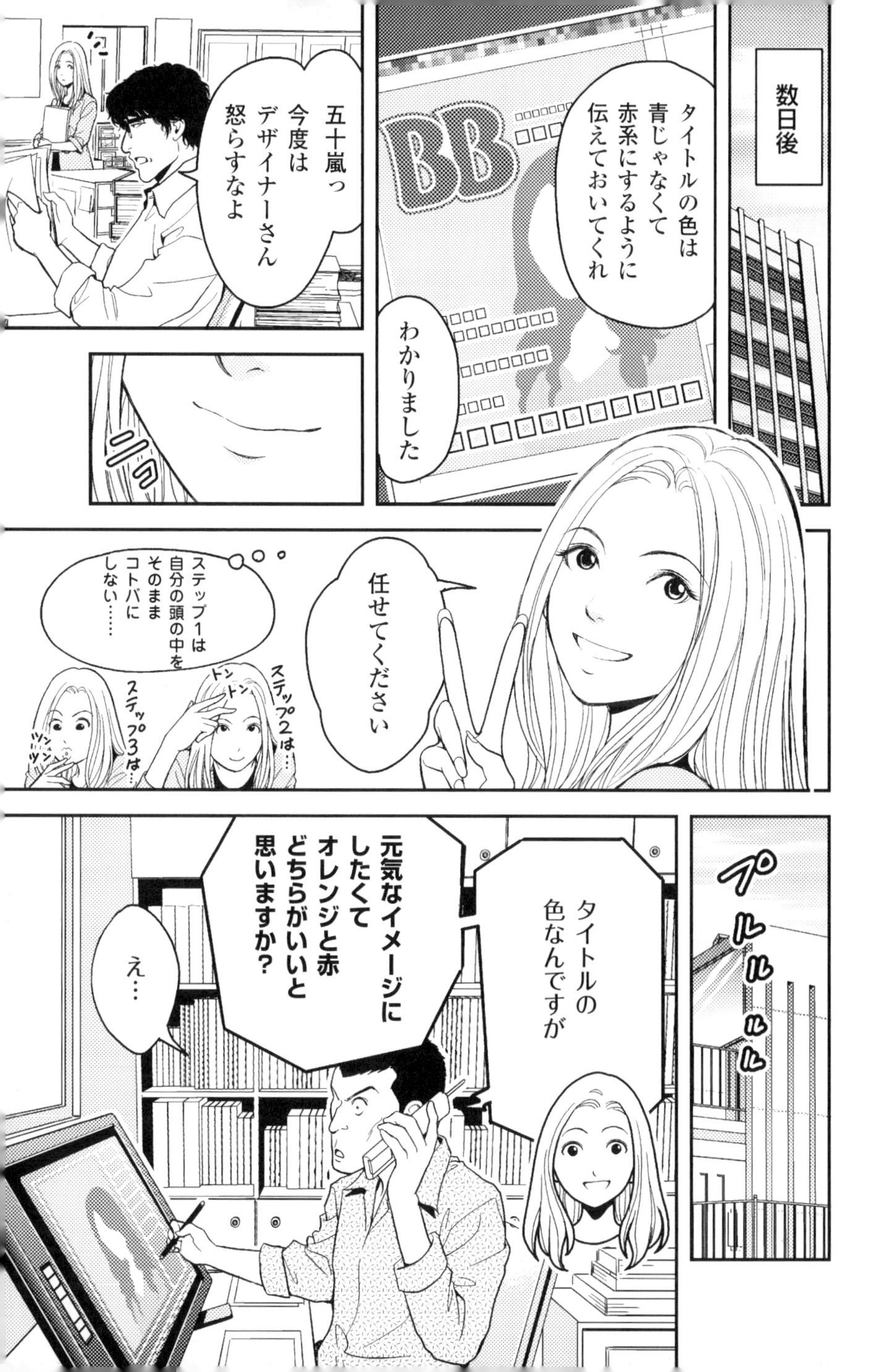
数日後
タイトルの色は青じゃなくて赤系にするように伝えておいてくれ
わかりました
BB
五十嵐っ今度はデザイナーさん怒らすなよ
ニコ
任せてください
ステップ1は自分の頭の中をそのままコトバにしない……
トントン
ステップ2は…
ステップ3は…
プルルルル
タイトルの色なんですが
元気なイメージにしたくてオレンジと赤どちらがいいと思いますか?
え…

元気なイメージなら赤かな
なるほどではそちらでお願いします！
えっ
わ…わかりました
よし
デザイナーのプライドをたもてた
さらに数日後
聞いてませんよ
特集ページどうしてうちのモデルが2ページ目なんですか
納得ができません差し替えてください
1ページ目はタイトルが入るので写真が小さくなってしまうんですよ
ぜひ大きな写真ででていただきたいんです
え…
そ…そういうことでしたらぜひ2ページ目で進めてください
ありがとうございます

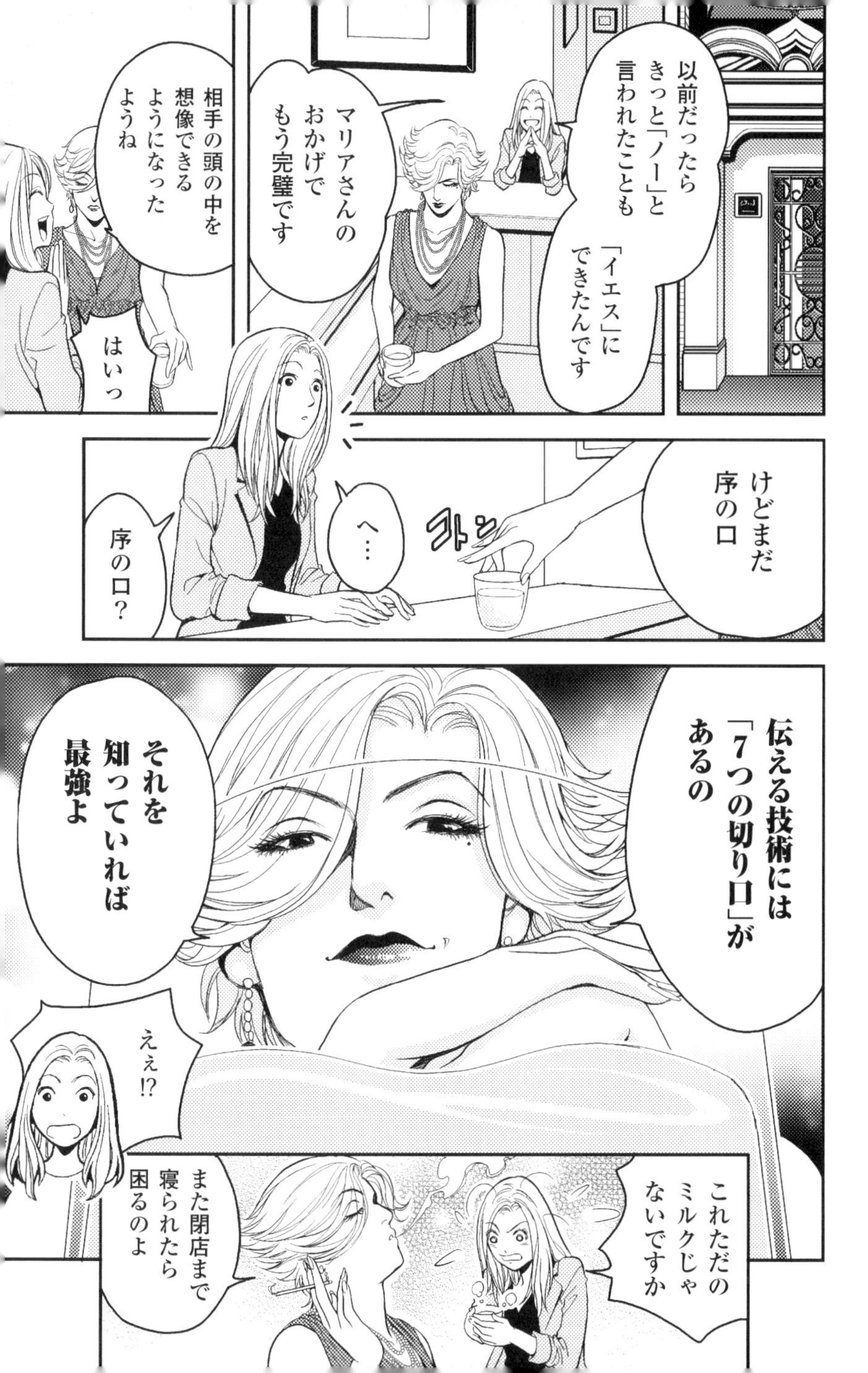
以前だったら
きっと「ノー」と
言われたことも
「イエス」に
できたんです
マリアさんの
おかげで
もう完璧です
相手の頭の中を
想像できる
ようになった
ようね
はいっ
けどまだ
序の口
コトン
へ…
序の口？
伝える技術には
「7つの切り口」が
あるの
それを
知っていれば
最強よ
ええ!?
これただの
ミルクじゃ
ないですか
また閉店まで
寝られたら
困るのよ

「イエス」に変える3つのステップ

「ノー」となるはずだったお願いを「イエス」に変えるには、カンタンな3つのステップがあります。100%いつでも「イエス」となるわけではありません。ですが、どんなお願いであったとしても、この3つのステップを踏むことで「イエス」をもらう可能性を上げることができます。読んですぐに使えるので、ぜひ使ってみてください。

「ノー」を「イエス」に変える技術

ステップ1 自分の頭の中をそのままコトバにしない

自分の求めること、頭の中に浮かんだことをそのまま口にしてきたのが今までです。

ストレートに自分の思いを伝えることで、うまくいくことも世の中にはあります。ただ、うまくいかないことも同様にあります。考えたうえで、ストレートに言うのが最も「イエス」をもらえると判断したときはいいです。しかし、なんでもかんでもストレートに言うのは、バクチといっしょです。もしかしたら人生を左右するかもしれない大切な場面で、白か黒かのルーレットに任せてしまっていいのでしょうか？ 可能性が50％なら、可能性を少しでも上げたいですよね。それは、伝え方を変えるだけでできるのです。

今まで「ノー」だったものを「イエス」に変えるには、今までの方法をやめてみましょう。

まずステップ1では、頭で思ったことをそのまま口にするのはやめることです。

ステップ2 相手の頭の中を想像する

ぐっと、そのまま口にするのをこらえ、**お願いに相手がどう考えるか／ふだん相手は何を考えているか、相手の頭の中を想像します。**

たとえば、「デートしてほしい」とあなたが思ったとします。仮にそう言ったとして、相手がどう思うかを想像するのです。「イエス」となりそうならそのまま思った通り話してしまえばいいです。

一方で「ノー」になりそうだとします。そのまま口に出したらデートはしてもらえない可能性が高いです

よね。ここからがあなたに知っていただきたい技術です。

いったんあなたのお願いから離れて、相手の頭の中を想像します。何が好きか？　何がキライか？　どんな性格か？　わかりうる相手の基本的な情報を思い出してみましょう。

たとえば、ここで「新しいもの好き」「ラーメンが好物」という情報があったとします。

「ノー」を「イエス」に変える技術

ステップ3　相手のメリットと一致するお願いをつくる

相手の頭の中をもとに、コトバをつくっていきます。

ここで、**大切なのは相手の文脈でつくることです**。つまりお願いを相手に、「イエス」となるものにします。結果的にあなたの求めていることが達成できればいいのです。

相手が「新しいもの好き」「ラーメンが好物」であるなら、それを満たすコトバをつくります。

「驚くほど美味しいラーメン屋見つけたんだけど、行かない？」

となります。相手にとってみたらまさに望んでいることだから、「イエス」となる可能性が高いですよね。

このコトバには、実は表に出ていないコトバが含まれているのです。

「驚くほど美味しいラーメン屋見つけたんだけど、行かない？（私とデートで）」

あなたの目的はデート。だけど、デートは相手

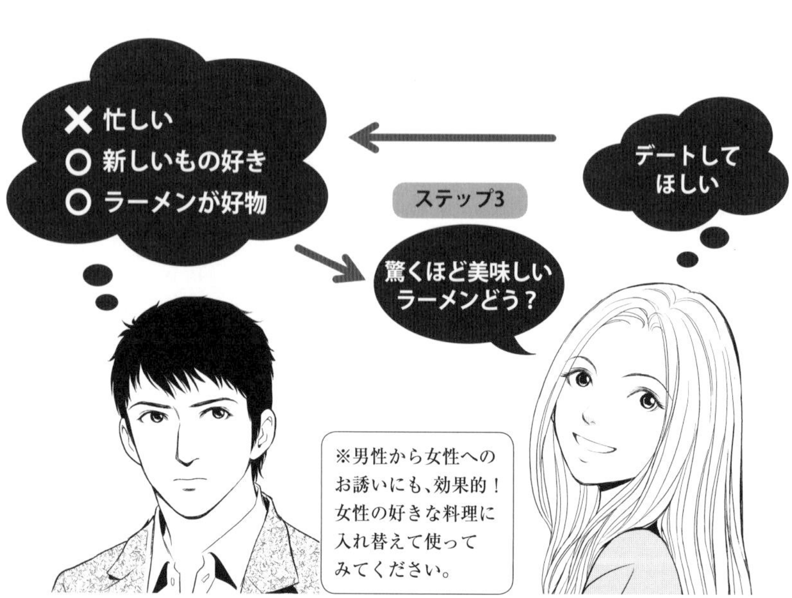

✕ 忙しい
○ 新しいもの好き
○ ラーメンが好物
デートしてほしい
ステップ3
驚くほど美味しいラーメンどう？
※男性から女性へのお誘いにも、効果的！女性の好きな料理に入れ替えて使ってみてください。

にとってみたら「ノー」。この部分はあえて言わない。だって、結果としてラーメン屋に行くならデートになるのだから。

これが、**相手のメリットと一致するお願いをつくる方法**です。

この3つのステップでコトバをつくると、今まで「ノー」と言われていたものの多くが、「イエス」に変わります。今まで実現しなかったことが実現するようになります。

「イエス」に変える３つのステップ

ステップ1　自分の頭の中をそのままコトバにしない

ステップ2　相手の頭の中を想像する

ステップ3　相手のメリットと一致するお願いをつくる

あなたのお願いを実現させる
答えは、自分の中にない。
相手の中にある。

第2章

「イエス」に変える「7つの切り口」①

謎のオネエの助言で、
「伝え方の技術」を知った舞。
実際に使ってみると、
面白いように相手の反応が
変わってゆく。いよいよ
「伝え方の技術」の核心へ！

伝え方の技術は『7つの切り口』に分けることができるの
な…7つの切り口? なんですか それは…
それはね
そ…それは…
マリア
今日はノンケの後輩連れてきたぞ
カ
ラン
へ
やだ～♡トオルちゃん

嬉しいぃ
私
ノンケの子も
大好物よ!
ひぃいいい
シャアァァ
ダッ
ダッ
ダッ
ダッ
ダッ
ダッ
ダッ
フフフ
ヒィィィィィ
今夜は
帰さないわよ
あの…
7つの
切り口は…
今忙しいのよ!
みりゃ
分かるでしょ!!
そ…
そんな…
じわっ
どうして
いつも
大切なときに
邪魔ばかり
入るのよぉ
ピク
ピ
ムスッ

イラ イラ
みなさん
BBの部数が
落ちています
もっと
売れる企画を
持ってきなさい
二度とこんな
数字
見せないで!
み…
みけんが…
みけんの
シワ
すごっ
売れる企画って
そんなもん
どうやって
つくれっていうんだよ
おーい
原稿は
斬新な
企画だしても
通してくれないのに
五十嵐さんは
新企画
だしてますか?
もちろんよ…
けど…
忙しくて
正直
やっつけかも…
はぁぁぁ
だしてるだけ
偉いですよ
あんたね
パカーン
てっ

ガタッ
だってどうすれば企画が通るかわからないんですもん
教えてくださいよ
アホか
先輩の仕事見て盗むもんや
新人のくせになに言っとんねん
高橋さん
先輩
高橋《たかはし》 豊《ゆたか》
どや
ワイの背中が語ってるやろ
自分は企画もださないで合コン三昧《ざんまい》のくせに
あ 奈々ちゃん
今週の金曜日ヒマ？
合コン三昧
まぁ…まず私たちは目の前の仕事をこなさないとね
とはいえ…
正直キャパオーバー…
数日後

ゴホッ
おはよう…
え
風邪ですか？
うつさないでくださいよ
ゴホッ
不覚…
ゴホ
この忙しいときに
風邪
引かなくても
あぁ…
喉が痛い
鼻がつまる
早く
7つの切り口のこと
知りたい…
ゴホ
ゴホ
原稿が
上がってきました
チェック
してください
ゴホッ
ゴホッ
おいおい
大丈夫か

ひどいんだったら病院行ってこい
仕事残ってるんで気合で治します
ゼーゼーゼー
…
そうか…
ゴホ
お前ちゃんと読んだのか
原稿グダグダじゃないかもう一度書き直させろ
ゴホ
ゴホ
ゴホ
…
もういい帰って寝とけっ
赤城ライターに指示しろ
えー俺っスか？
めんどくせー
パシッ
私がやります
はぁはぁ
わ…わかったよ

これで
いいだろ
お待たせして
すみませんでした
いいから
帰れ
は…
はい
フラ～
はぁあああ…
ドサッ
なんとか
乗り切った…
明日は
念願の休み…
ハァ
ハァ
けど
もうひとつ
マリアさん…
ガタン
いらっしゃ…
なによ あんた
ぜー
7つの切り口
聞きに
きましたぁ…
ぜー
いつにもまして
ボロボロね

バタン
ぐー!!
ウソでしょ
ぐーぐー
パチ
ここどこ?
え
私の家よ

どうしたのよ
あんた？
ぎゃぁあぁ
変なオジサン！
悪霊退散
誰が変な
オジサンよ
失礼なっ！
だれが悪霊ですって
その声…
マリアさん？
かっかっ…顔の原形がない～…
当たり前
でしょ
ここ誰の家だと
思ってんの
人の店で
倒れるなんて
営業妨害よ！
ひっ…
す…
すみません…
ほら

卵酒よ 温まるわ 飲みなさい
ありがとう ございます…
あったかい
仕事しすぎてって感じ?
ま…まぁ
そんなに ボロボロになるまで 仕事させるなんて 二階堂最低ね
む
え…
いや…編集長のせいじゃないです
仕事が溜まってるってことは 割り振りがへたってことでしょ
編集長が全て悪いのよ
私が自分でやるって言って断ってるんです
は?
あんたひとりで 仕事抱えてるですって?
編集はチームプレーよ
個人プレーで 仕事を抱えてたら みんなに迷惑よ
…

私だって好きで抱え込んでるわけじゃないです
え…
前は何度も
助けてくれ手伝ってくれって頼んだんです
ぐっ
すみません広告ページ手伝ってほしいんですが…
配属直後の五十嵐
少しは自分で考えて
副編集長
八田
忙しいんやググれ
おぇぇオンナ
先輩
高橋
これからネイル！
もちろん取材よ！
同期
安田
す…すみません…
ブル ブル
ブル

るるるる…
誰も取り合ってくれなくて…
ひゅるるる
あれ以来人には頼まないようにしてます
バカねそれも伝え方が悪いのよ
え…
うまく伝えればちゃんと手伝ってくれるわよ
そっか!
ガ
あのころは伝え方なんて何も考えていなかった…
…
バッ
コトバを作ればよかったのねぇぇぇ
うおおおおおお
ほんとに不器用ね…昔の私を見てるみたい…
まぁいいわ
へ

いい機会だから7つの切り口教えてあげる
ありがとうございますっ
ゴホ
ゴホ
けどあんたみたいな不器用な子は7つ全部伝えたらきっと頭がこんがらがるから
まず3つね
!
私を気づかってくれてるんですか?
バ…バカね早く寝たいだけよ
お肌のために
…
ニヤ
…まず
『7つの切り口』とは伝え方を7つにパターン分けしたものよ
今日はこの3つ
①「相手の好きなこと」
②「選択の自由」
③「認められたい欲」
はいっ!

①『相手の好きなこと』
1つ目『相手の好きなこと』
これはこの前説明したわよね 文字通り相手の好きなことからコトバをつくる方法よ
はい覚えていますっ
『デートしてください』
ドキドキ
No
これだと自分のお願いをストレートに伝えているだけだからNOになる可能性が高い
『驚くほど美味しいラーメン屋見つけたんだけど行かない？』
Yes
―のように相手の好きなことをもとにコトバをつくるってやつですよね？
これは色々つかえるわ
たとえば原稿がどうしても間に合わないときあるわよね
はい しょっちゅう
うっうー終わらない…
カタカタカタカタカタカタカタカタカタカタ

そんな場合は…
すみません…
間に合わないので
もう少し
待ってください
なに
やってんだ
本当
すみません
って言って
よく
怒られてます
ほんとに
コトバをつくるの
へたね
自覚
してます
そんなとき
私がよく
つかってたのが
ギリッ
クオリティ
上げたいので
粘らせて
くれませんか？
おおっ
すごい！
締切
のばして
くれそう
でしょ
しかも印象もいい
頑張り屋の
イメージもつく

続いて2つ目『選択の自由』
どちらを選ばれてもいいように自分のやってほしいものを2つ並べる方法よ
A or B
②『選択の自由』
あ…
この前の…
デザートにフルーツタルトとマンゴーアイスがあります
どちらかいかがですか？
るん
2つ並べられると選びたくなるのが人間
ほら好きな方をあげるわ
さらに相手が自ら選ぶから押しつけられてる感も少なくなるわ
えー どっちにしようかな…
そうね
よく気づいたわね
確かに
そして最後3つ目…

『認められたい欲』よ
期待しているよ
頑張ります
これはビジネスシーンで最強よ
最強…
ごくり
③『認められたい欲』
人は認められるとそれにこたえたくなるという本能があるの
そこをくすぐる方法
たとえば先輩から『残業お願いできる？』って言われたらどう思う？
えっと…
今日残業頼むわ
え
これから？
面倒なこと押しつけられたって感じてヤダって思っちゃうかも
でしょ
この言いかただと先輩のメリットでしかないから
NOと言われる可能性が高くなる

けど『認められたい欲』でコトバをつくると―
五十嵐の企画書は刺さるんだよ
お願いできないか？
うぅ…
お前いい企画書書くから〜
マ…マジですか
ガタッ
引き受けちゃいそう
つまり
認めているコトバで始まっているから
面倒くさいことでもOKする気持ちになるの
これが伝え方の技術よ
まずはこの3つを実践してごらん
はい
コホッ
ぐっ

雑誌をつくることってもっと楽しいことなんだから
ボロボロになるまでひとりで背負ってんじゃないのよ
マリアさんっ
バッ
ちょっとやめてよ気持ち悪い
マリアさーん大好きっ!!

おはようございます
五十嵐復活したか
もうバッチリです！
ドーン
仕事の山
これもチェックして下さい
ふぅ…今日も頑張るか
ひとりで抱え込んでるからでしょ
わかってるわよ…
ぐりぐりぐり
けど…誰かに頼れって言われても…
みんな忙しそうだし…
よし…
今日の締切分はなんとか終わるかも…
ギリギリだけど…
自分でできることはまず自分で…
ふぅぅ
トントン
おい五十嵐

※色校…色を確認するためのサンプル

いた
いやいや…
伝え方で
なんとかしてみせる
ギュ
高橋さんか…
…
ふぁぁぁぁ
あの人
意地悪だからなぁ…
この色校を
持って行って
ください
NO
は？ アホかお前
だと
私のメリット
でしかないから…
高橋さんの
頭の中を考えてみると…
高橋さんは…
合コン三昧
あ 奈々ちゃん
今週金曜日
ヒマ？
ズバリ
女好きっ！
キラリ
だったらここは…
7つの切り口の
『相手の好きなこと』
をつかって…
ガタッ
高橋さん
いい情報
あるんですが
ドキ
ドキ
なんや？
女の子でも
紹介して
くれるんか？

実は…
ホスカーの受付に
すっごくカワイイ子が
入ったの
知ってますか？
ピクッ
ほんまかぁ
にやり…
ピクッ
喰いついた！
パクッ
ごくり
ここは一気に
勝負っ
五十嵐っ！
は
はいっ
ビ
クッ
実はちょうど
ホスカーに
届ける色校が
ここにあります
持って行くついでに
話しかけてきたら
どうですか？
ドキドキ
ドキドキ
ドキドキ
スッ

お前 ええ奴やなぁ
色校よこせっ ちょっと 行ってくるわ！
ありがとな
…
赤城くん どうしたの？
売上落ちて プレゼントの数 倍に増やすことに なったじゃないですか 撮影しても 撮影しても 終わらなくて…
なんか すみません
いえ…
ははは…
こ…こんなにも 簡単に…
男ってバカ？
なんだろ このさみしい 気持ち…
疲れたぁ
おつかれっス

それがさっき ようやく 終わったんです
ちょーめんどくさかった
え… じゃあ今まで 撮影やってたの？
原稿の 締切 近いわよね
あ
ま
なんとか なりますよ
ははは
いやいやいや… そんなペースだと もし何か起こったら 対応できないじゃない
明日までに やらせないと…
けど いつもの 言いかただと…
すぐ やりなさいよ
大丈夫っスよ 疲れたんで もう帰ります
さいなら～
ってなるのが パターン…
そのくせ 締切間近に なると
終わらないん ですぅ 助けて くださぁい
なんとかぁ…
だから 言ったでしょ
って結局 泣きついてくる
こうして私の 仕事が 増えるのね…

なんとか早く原稿を書かせないと
つかれた… もう帰ろう
ピッ
えっと…この場合は…
『選択の自由』をつかって伝えてみよう
赤城くん
！
本当はもう今だしてほしいんだけど
今夜だすのと明日の朝やるのどっちがいい？
今夜
明日
え
そうですね…
じゃあ明日は他の取材が入ってるんで今夜だします
やった！
ぐっ
そうね それがいいわ
7つの切り口ってすごいかも！
帰ってゲームしようと思っていたのに
…

数日後
八田さん
新しい企画書ができました 時間があるときに見てください
はいよ
最近企画書の提出ペース早いな
赤城くんご飯いかない？
いいっスね
企画書
パスタとラーメンどっちがいい？
ん～パスタっスね
面白いわね
そうなんですよ 最近五十嵐の企画がよくなってる気がするんです
最近周りを巻き込んで仕事してるの気がついた？
え…
それに、内容も読者のことを想像して企画されてるわ
そうだったんですか
全然気づかなかった
企画書

彼女になにか変化があったのかしら…
野菜食べればカゼひかなくなるよ
翌日
バターン
マリアさん聞いてくださいっ！
うるさい！お客さんがいるのよ
初めて企画通ったんですっ！
マリアさんのアドバイスのおかげです
…
イチ特？※
違います…
後ろの方の記事ですが…

※巻頭の第１特集のこと

その企画ひとりでやる気？
いえ…
人に手伝ってもらうほうがいいページになるんで
『認められたい欲』をつかって
同期の安田さんに頼みました
この企画には安田さんの感性がぜったい必要なの
手伝ってくれない？
ドキッ
そ…そう
ようやく私の才能に気づいたのね
しかたないわねぇ
二つ返事でOKでした
ピース
ちゃんとつかいこなせてるようね
想像以上ね
『認められたい欲』は私的に一番つかいやすいかも
功名心をくすぐるのよ
フフフ…
ちなみに教えておくと『認められたい欲』が意外に効果的なのが上司なのよ
え…
上司ってね寂しいのよ
上司こそ認められたいの
なにやってんだバカヤロー
自分の判断正しいのかな…

へぇ
まさか…
あの編集長も…?
それじゃあ続いてー
7つの切り口の残り4つ
④『あなた限定』⑤『チームワーク化』⑥『嫌いなこと回避』⑦『感謝』のレッスンよ
はいっ!
五十嵐っ!
どこにカワイイ受付がいるんだぁあああ
じぃさんじゃねぇか!!
受付

「イエス」に変える「7つの切り口」

3つのカンタンなステップがあることは、理解していただいたと思います。特にはじめは、これらのステップをひとつずつ踏むことをオススメします。はじめての料理を、いきなり「えいや！」と感覚でつくると失敗してしまうように、コトバもいきなり勢いでつくるとヘンテコなものになります。**慣れるまでは、手順を踏む**のです。料理ではチャーハンをつくるにしても10ほどのステップがあると思いますが、こちらは3つだけです。すぐに慣れます。でも慣れるまでは意識して3つのステップを踏んでみてください。

ここで、**ステップ2「相手の頭の中を想像する」ときの、とっておきな7つの切り口**があります。相手の頭の中を想像したときに、最も相手の心が動くであろうものを選択するだけでＯＫです。具体的な例といっしょに見ていきましょう。

「イエス」に変える３つのステップ

ステップ１
自分の頭の中をそのままコトバにしない

ステップ２
相手の頭の中を想像する　←　7つの切り口

ステップ３
相手のメリットと一致するお願いをつくる

「イエス」に変える切り口
1

「相手の好きなこと」

こちらが、「ノー」を「イエス」に変える技術でも王道のつくりかたです。あなたの求めることをストレートに言うのではなく、「相手の好きなこと」からつくることにより相手のメリットに変えるのです。そう言い換えることによって、「イエス」をもらえる可能性がぐんと上がります。

女好きな先輩がいたとして、その人に届けものをしてもらうときのコトバ

「先輩、届けものお願いします」
↓あなたのメリットでしかない。
「カワイイ受付が入ったんです。ちょうど届けものがあるんです」
↓相手の好きなことをもとにつくり、相手のメリットに変わった。

同じ内容のお願いですが、お願いする技術を身につけるだけで、もともと「ノー」だったものを、「イエス」に変える可能性がぐんと上がるのです。「相手の好きなこと」でつくるのは、お願いの技術の中でもいちばんはじめに理解しておいていただきたい切り口です。

「先輩、届けものお願いします」

✕ あなたのメリットでしかない。

「カワイイ受付が入ったんです。ちょうど届けものがあるんです」

○ 相手の好きなことをもとにつくり、相手のメリットに変わった。

「イエス」に変える切り口

2

「選択の自由」

2つ以上の選択肢を並べることで、相手が選べるようにする技術です。どちらを選んでも、じぶんのやってほしいものを2つ並べるのがポイントです。選択の自由があること自体が、相手にとってのメリットとなります。

イエスと言うとき、相手は「決断」をしなくてはいけません。人は、決断するのには慎重になります。たとえそのお願いが、相手にメリットのあるものであっても「イエス」と言わないことさえあります。**人は「決断」が得意ではない**のです。一方で、**人は2つ選択肢があるときの「比較」が得意です**。あちらより、こちらのほうがいいと、気軽に言うことができます。実は比較すること自体では決断ではないのですが、「こちらがいい」と言ってしまうと、頭の中でそれを決断したかのように錯覚してしまう。その心理を利用するのが「選択の自由」です。

あなたがレストランの接客をしていたとして、食事の終わりに、デザートを頼んでほしいとき、何と言えばいいでしょう？

「デザートいかがですか？」

↓あなたのメリットでしかない。相手は「決断」しなければいけない。

「フルーツタルトとマンゴーアイス、どちらかいかがですか？」

↓こっちがいい、という「比較」は簡単にできる。思わずどちらか選びやすくなる。

選択の自由をつくることで、よりあなたのお願いが受け入れられる可能性が増えます。相手がどちらかでも選んでくれれば、すなわちそれはデザートを注文するということ。どっちが選ばれてもいいのです。目的は注文をとることですから。

「デザートいかがですか？」

✕

あなたのメリットでしかない。
相手は「決断」しなければいけない。

「フルーツタルトとマンゴーアイス、どちらかいかがですか？」

○

人は「AかBどちら？」と言われると、
思わずどちらかを選んでしまう。

「イエス」に変える切り口
3

「認められたい欲」

これは、**相手の頭の中に「他人に認められたい」とか「いい顔を見せたい」という気持ちがあるときに効果を発揮する技術**です。もともと人は誰も認められたいという本能があります。

その証拠に、赤ちゃんが立ったとき「よくできたねー」と言われると満面の笑みになり、また何度も立とうとする。**人間のDNAには「認められたい欲」が組み込まれていて、それを満たすためにちょっとくらい面倒なことでもやろうと思う**のです。これは年齢にかかわらず、男でも女でもあてはまります。特に、面倒くさいと思われるものをお願いするときにはコレです。

たとえば、残業を頼むとき何と言えば、快く引き受けてくれるでしょう?

「残業お願いできる?」

↓あなたのメリットでしかない。

「きみの企画書が刺さるんだよ。お願いできない?」

↓認めているコトバから始まっていることで、面倒くさいこともやってみようとする気持ちが生まれる。

えてして、頼みごとは、相手にとって面倒くさいことです。上司と部下の関係だったら、それは仕事としてやらないといけないから、この技術を使わずとも部下は動くでしょう。だけど、この「認められたい欲」を使えば、相手の気の乗りかたが変わります。最終的にあがってくる内容も、クオリティの高いものが期待できます。

「残業お願いできる？」

×　あなたのメリットでしかない。

「きみの企画書が刺さるんだよ。お願いできない？」

○　認めているコトバから始まっていることで、面倒くさいこともやってみようとする気持ちが生まれる。

第3章

「イエス」に変える「7つの切り口」②

思うように仕事が進み始め、
喜ぶ舞だったが、
彼との関係は最悪。
しかも、自分の両親からも
プレッシャーが。
このピンチを、舞は
伝え方でどうのりきる!?

…以上
カキカキ
これが
④『あなた限定』
⑤『チームワーク化』
⑥『嫌いなこと回避』
⑦『感謝』よ
ほぉ
勉強になるな
マリア
ええこと
言うやん
ふふふ
これ以上は
有料よ
もしくは
ワンナイトね
ありがとう
ございます
チャンスが
あれば
実行してみます
ガチャ
また
一杯も飲まずに
帰るし

大丈夫
赤城くんなら
ぜったいできるよ
そっスかね
やってみます
（認められたい欲）
企画をもっと
磨き上げたいので
もう少し粘って
いいですか？
そうか
わかった
いいもん
だせよ
（相手の好きなこと）
ありがとう
ございます
よしよし
思った通りに
仕事が
進んでるわ
けどせっかく
教えてもらった
４つをつかう
チャンスがないな
④あなた限定
⑤チームワーク化
⑥嫌いなこと回避
⑦感謝
まぁ毎日が
充実してるから
いいかな
五十嵐
ワタシって
リア充！

これ
この前の
お礼だ
わぁ
みたらし団子♪
並んだん
だからな
カサ
けど
なんの
お礼
ですか？
もう返しませんけど
ホスカーの
受付
あ
実は…
ホスカーの受付に
すっごくカワイイ子が
入ったの
知ってますか？
ピクッ
老舗
団子屋
じいさんしか
いないと思ったら
カワイイ受付
ちゃんといたよ
今度
合コンする
ことになってさ
エヘヘ
本当に
いたんだ
それは
よかったです…
もぐ
もぐ
ううん
美味しい♪
五十嵐さん
なんだか最近
変わりましたね
太った？
最近甘いもの
食べすぎちゃって

仕事ができる人みたいに見えます
まるで
キリッ
昔はもっとトラブルメーカーで面白かったのに…
ぶちきれてましたよね
どういうことよ
本当にやっちゃうかもしれないですね
なにを？
言ってたじゃないですか
世の中を動かすトレンドをつくるって
そうよねっ！私もそう思うわ！
世の中を動かすトレンドをつくりたいよね！
バン
五十嵐さんもっスか
オレも五十嵐さんに負けないように頑張ろうっと
カタ
カタ
カタ
……

トレンドかー
ガタン
ガタン
ガタン
今の
私なら
できるかも
確かに
伝え方の技術を
知ってから
世界が変わった
仕事も
スムーズに進むし
ノーをイエスに
することもできる
ブルル
ブルル
あ
祐二…
ブルル
ブルル
通話
保留
終了
最近
いそがしくて
彼と全然
会えてない…
なんだろ?
次は
恵比寿駅に
到着します
ピッ
保留
またあとでね

！
ただいま
電話にでることができません
メッセージを…
はあぁ。。。
また
留守電かよ
ガチャ
お疲れ様です
ふぅ
疲れた
五十嵐
はい
明日の夜
サギア・リピークの
取材があるんだけど
いっしょに行くか？
うそっ
あの
世界的
デザイナー
ですか？
まじっスか⁉︎？

最近頑張ってるご褒美だ
行きます行きます!
ありがとうございます
やったぁ最近いいことばかり
プルル
あ…
かけ直すの忘れてた
カチャ
もしもしごめん仕事忙しくて
いつもそうだろで、明日はどうする?
え…明日…?
何かあったっけ?
おいおい…食事に行く約束してただろ
あ…
忘れてた
まさか忘れてたのか?
ホープラン軒行きたいって舞が言ったんだぞ
ちゃんと覚えてたよ
ウソだけど…
ズキ

そう…
じゃあ明日19時にホープラン軒に現地集合で
ギュ
…ごめん
たった今…急な仕事が入っちゃって…
ちょ…ちょっと待って…
どうせそれもウソなんだろ
ピ
!
これはウソじゃないよっ！取材が入ったんだもんサギア・リピークの
ザワ
ザワ
サギのリピートだろ!
ドタキャン何回目だよ
ひど―い!
しかたないじゃない仕事なんだから
前から聞いてみたかったんだけど
俺と仕事どっちが大事なんだ?

はぁ?!
俺と仕事どっちが大事なんだなんて言う男
カスカスカス!!!
ゾワゾワ
ゾワゾワ
信じられない…
ひぃ〜鳥肌が〜…
正直…
ズーン
彼より仕事を優先していた…
なのに私…逆ギレするなんて最低…
逆ギレ?
もう止まらなくなっちゃって…
なによそれ私のこと応援してくれないの?
ガタッ
開き直ってんじゃねえよ
まーまー
おちつけ

逆ギレなんて昔のあんたに戻ってるじゃない
ズーーーン
でも…
ステップ1は『自分の頭の中をそのままコトバにしない』でしょ
どうして伝え方の技術つかわないのよ
仕事では意識してつかえるんですけど
恋愛だとつい感情的になっちゃって…
恋愛も仕事も同じよ
はぁ
イラッ
彼の名前は？
祐二
はぁああぁ…
スッ
ほらかかったわよ
え…
私のスマホ！なにやってるんですかっ？
プルルル
ちょっと
あんたの彼に電話したの

伝え方の技術をつかって仲直りしなさい
ここまでやらせないでよね
プルルル
プルルル
け…けどまだ心の準備がっ
ブルル
『あなた限定』をつかうのよ
ブルル
終了
保留
通話
ガチャ
通話
もしもし
…
舞？
なんだよ…
あなた限定…
④『あなた限定』
もともと人間は『あなた限定』に弱いのよ
私は強いけどね

たとえば優先順位の低い会議があったとして
『会議に来てください』
―と言われても行きたくないでしょ
めんどくさ断ろ
けど『あなた限定』だと―
『他の人が来なくても五十嵐さんだけは来てほしいんです』
そこまで言われるなら…
なるほど
『あなたが特別な存在だ』と伝えると人は動くのよ
名前を言うとさらに効果的ね
ほほ～
もしもしおいっ
舞っ
うまくいくかな…
も…もしもし…
この前は約束守れなくてごめんね
…
…

早く言いなさい
イライラする
わ…わかってます
な…なんだ？
この前俺と仕事どっちが大事なんだって言ったでしょ
ああ…
私が仕事を一生懸命頑張れるのはあなたのおかげ
そんなふうに思えるのは祐一だけよ
（あなた限定）
ドキッ
え…

そ…
そう思って
くれてたんだ
オレも
悪かったよ
デレ～…
うぅん
私が
悪かったの
外でやれ
外で
ごめんね
オネエが
うるさくて～
いーの
いーの
外行きなさいよ
バン
数日後
おまたせ
ようやく
会えた
ごめんね
もう
いいよ
ギュ
スッ

どうかした？
ううん 行こ
美味しいね
最近 ラーメン ばっかりだった から嬉しい
けど…
祐二に染み付いたタバコの臭いがさっきから気になって
このプロシュート食べていい？
ここまで臭う…
せっかくの料理が楽しめない…

ねぇ
タバコやめて
えっ？
これまで
何度も
言ってるけど…
全然
やめてくれない
のよね…
けど…
グッ
『チームワーク化』
なら
なんとかなるかも…
ウマいんだよねぇ
モグ
モグ
モグ
『チームワーク化』
は相手が面倒くさいと
思ってるシーンで
効果を発揮するのよ
⑤『チームワーク化』
フン
フン
フン
フン
フン
フン
たとえば
『飲み会の
幹事やって』
だと
面倒だなと
思われるけど
『いっしょに
幹事しよう』
なるほど…
巻き込むのか
だと引き受けても
いいかなって
感じてしまう
でしょ
誰かが
やるなら
自分もやりたく
なるものよ
なるほど
たしかに
マリアが
幹事か
全部
おしつけ
られそう

人は
集団行動が好きな
生き物なのよ
ゴクリ
祐二
私も
あなたのためために
頑張るわ
ぐっ
なに…？
食べたかった…？
美味しかったね
…
私これまで
何度も
タバコやめて
って言ってるよね
やめたほうが
いいのは
わかってるけど…
なかなか難しくて
ポリ
ポリ
私…
どうしたの
さっきから
ずっと
黙ってるけど
ちょっと
いいかな
ん？
ああ…
そのこと…
一方的に
求めてばっかり
だったのかな…
え

私も
みたらし団子
やめて
やせるから
あなたは
タバコ
いっしょに
減らそう
(チームワーク化)
ズ
キューン
!
お前が
みたらし団子を
やめるなんて…
いっしょ
なら
頑張れる
でしょ
そこまで
俺のカラダの
こと…

わかった
いっしょに頑張ろう!
うん♪
ぐっ
それじゃあ最後の一本…
シュボ
こら
だよね
じゃあまたね
ブロロロ
ありがとね

ただいま
遅かったわね
祐二さんといっしょだったの？
母
五十嵐《いがらし》　愛《あい》
うん美味しいとこ連れて行ってもらっちゃった
それはいいわね
けどこの前のような朝帰りはやめてねお父さんが心配するから
え…あ…あれは違うのあれは知り合いのオネエが私を看病してくれて
え…オネエと朝まで…
ドキドキ
違う違うっ話がこんがらがるぅぅ
ギシッ

お父さん…
父
五十嵐《いがらし》　健《けん》
前にも言ったがお付き合いしている人がいるならきちんと挨拶に来させなさい
…はい
ブーーッ
どうしたの
今日は一段とおブスよ

お父さんが
彼氏に
『挨拶に
来させろ』
って言うの…
いいじゃない
さっさと結婚しなさいよ
よくないんです
え？
怖いんです…
怖い？
なにがよ
元カレのときも
両親に挨拶に
来てって
お願いしたん
だけど
は？
やだよ
気まずいし
そんな…
挨拶にも
来ないような
男とは
別れろ！
お父さん
おちついて
結局それが
原因で
別れることに
なっちゃって…
なにそれ
超ウケる
プププププププー
笑いごとじゃ
ないのよ
バン
バン
超トラウマなんだから!!

あんたも
次から次へと
大変ね
祐二に…
挨拶するの
嫌って
言われたら
って思うと
怖くて…
…それなら
最終手段の
伝え方よ
え？
『嫌いなこと
回避』を
つかってごらん
でもつかうのは
一回だけよ
あ
それ使うんだ
⑥『嫌いなこと回避』
相手の嫌いなこと
からつくること
たとえば
公園に
『芝生に入らないで』
と立て札があっても
人は入る
しかし
『芝生に入ると
農薬の臭いが
つきます』だと
入りたくない
強いぶん
押しつけがましく
なるから注意
芝生に
入らないで
気持ち
よさそう
だから
ちょっとだけ
芝生に入ると
農薬の臭いが
つきます
え
やだな

大切な人を
失いたく
ないんでしょ
やって
みます
フフフフフフフフフフ
どーなるか
これはたのしみ
楽しんでる
でしょ
ごちそうさま
プハー
久しぶりに
舞の手料理
食べたな
美味しかったよ
よかった
ジャー
ジャー
…

で…
どうか
したの？
え…
急に手料理を
つくってくれる
なんて
話があるんだろ…
実はね…
キュ
うちの両親に
挨拶しに
来てほしいの
え…
ダメ？
ダメ
っていうか…
なんていうか…
その…急で
心の
準備が…
元カレとは…
え…

親に『挨拶にも来ないような男とは付き合わせない』と言われて別れたの
祐二とだけはそうなりたくないから

舞……
今から
行こう
え…
どこへ？
グイッ
君の家だよ
キラーン
えええええええ
きょ…
今日じゃ
なくても
私も心の準備が…

いい加減な
気持ちじゃない
ってことを
知ってほしいんだ!!
…で
そのあと
両親に
挨拶してくれて
お父さんも
気に入ってくれた
みたいなんです
そうか
ホープラン軒
味が
変わったのか
いっしょに
行きま
しょう!

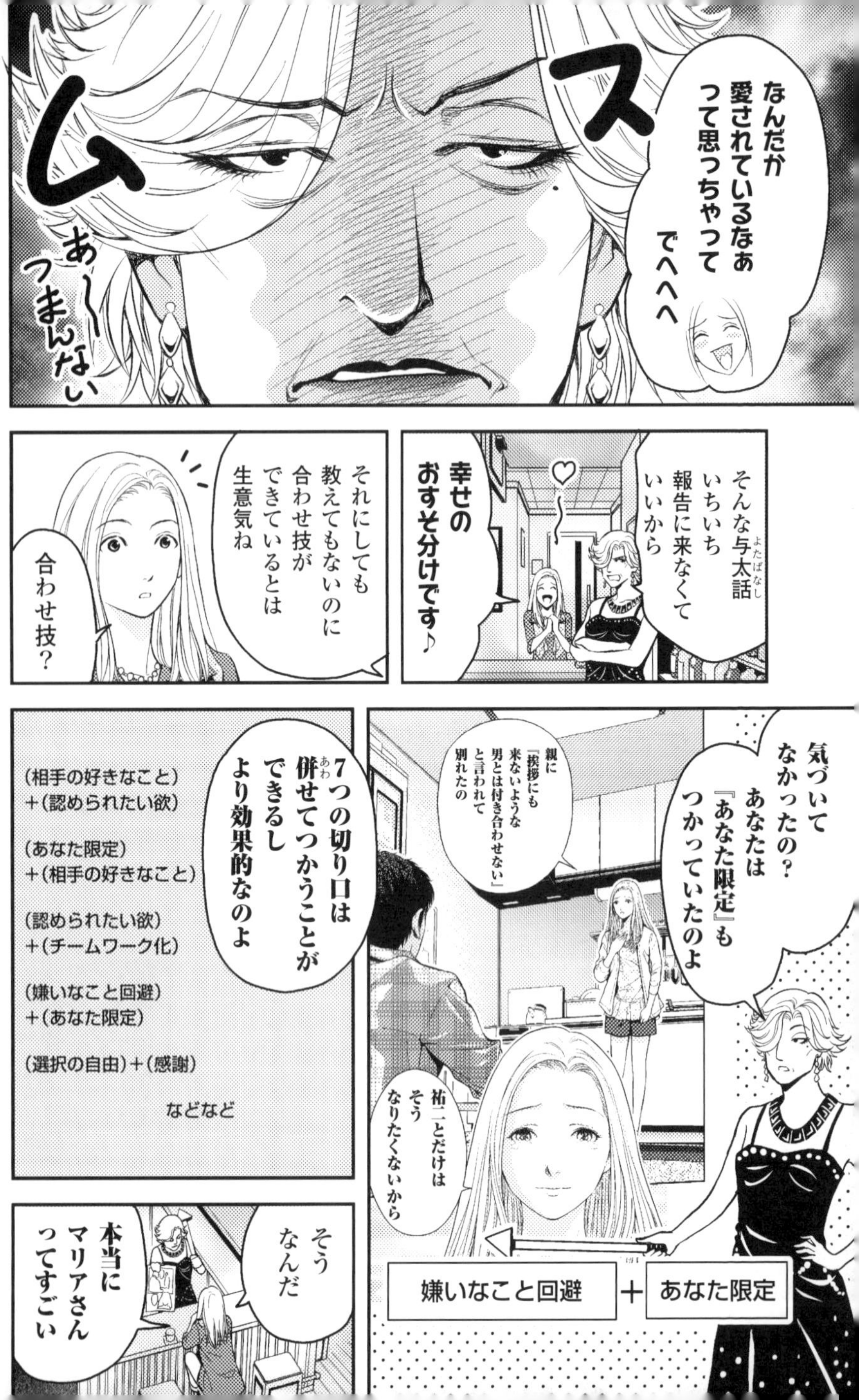
なんだが愛されているなぁって思っちゃってでへへへ
ムスー
あ〜つまんない
そんな与太話《よたばなし》いちいち報告に来なくていいから
幸せのおすそ分けです♪
それにしても教えてもないのに合わせ技ができているとは生意気ね
合わせ技？
気づいてなかったの？あなたは『あなた限定』もつかっていたのよ
親に『挨拶にも来ないような男とは付き合わせない』と言われて別れたの
祐二とだけはそうなりたくないから
嫌いなこと回避 ＋ あなた限定
7つの切り口は併《あわ》せてつかうことができるしより効果的なのよ
（相手の好きなこと）＋（認められたい欲）
（あなた限定）＋（相手の好きなこと）
（認められたい欲）＋（チームワーク化）
（嫌いなこと回避）＋（あなた限定）
（選択の自由）＋（感謝）
などなど
そうなんだ
本当にマリアさんってすごい

これからも教えてくださいね
ありがとうございます！
チッ
伝え方のレシピ⑦『感謝』つかってるし…
やな女ね
あわかった？
ほんとお願いしてすぐ「ありがとう」って言われると断りにくくなりますよね
私にはダメよ
何年やってると思ってんのよ
えーけど本当に感謝してるんですよ
マジで
だったらもっと高いお酒飲みなさいよ
あんた安い酒ばかり
いやそれとこれは話が別です
キッパリ
なんでよ!!

「イエス」に変える切り口
4
「あなた限定」

こちらは、ステップ2で相手が「寂しがりや」とか「自分が好き」というときに効果を発揮します。もともと人は**「あなた限定」に弱い**です。「あなただけには」と言われると何十万円もするツボとか買ってしまう人がいるほど弱いです(笑)。使うときには、良心のもとに使っていただきたい技術です。皮肉のようですが、「あなた限定」からつくるこの技術が効くのは、実は、たくさんの人数にお願いするときです。

たとえば、相手にとって優先順位の低い会議に誘うときの伝え方。

「会議に来てください」
↓あなたのメリットでしかない。
「他の人が来なくても、五十嵐さんだけは来てほしいんです」

↓その人の名前を使い「私こそが必要と思ってくれている」と思わせ、心を満たすことで相手のメリットに変える。

「あなただけ」「あなたにしか」と、その人以外ではダメで、「あなたこそ選ばれた人」であることを伝えるのです。そのときに、「五十嵐さんだけには！」と名前を入れるとさらに効果を倍増させます。人は「あなただけ」という特別感が好きです。そう言われると、自分だけ限定という優越感を感じ、そう言ってくれる相手の求めにこたえたくなるのです。

「会議に来てください」

×　あなたのメリットでしかない。

「他の人が来なくても、五十嵐さんだけは来てほしいんです」

○　その人の名前を使い「私こそが必要と思ってくれている」と思わせ、心を満たすことで相手のメリットに変える。

「イエス」に変える切り口 5

「チームワーク化」

こちらは、ステップ2で**相手が「面倒くさい」「やる必要性がそこまで見つからない」と思っているときに効果を発揮します。**お願いを相手任せにするのではなく、「いっしょにやりましょう」とあなたと相手をチームワーク化するのです。たとえば友だちに、飲み会の幹事をお願いしたいとき、

「飲み会の幹事やって」

↓あなたのメリットでしかない。相手は、面倒だなと思う。

「いっしょに幹事しよう」

↓「いっしょに」と頼られると、イヤな気分になるどころか、ちょっと嬉しくも感じる。それが伝え方の切り口「チームワーク化」です。

「いっしょにどう？」

と言われると、何をするにせよ、そのコトバだけで嬉しさがあるのです。子どもの頃「いっしょにトイレ行かない？」と言われたら、思わず行ってしまいましたよね。大人になっても「いっしょにコンビニ行かない？」と言われたら、別に買うものがないのに思わず行ってしまうアレです。

もともと、人は人といっしょに何かをすること自体が本能レベルで好きなのです。人のこの本能を使うと、ふつう面倒なことでも、相手は動いてくれやすくなります。

「飲み会の幹事やって」

✕　あなたのメリットでしかない。
相手は、面倒だなと思う。

「いっしょに幹事しよう」

○　面倒なことであっても、
人といっしょであれば動くもの。

「イエス」に変える切り口 6

「嫌いなこと回避」

相手の嫌いなことからつくることもできます。「こちら嫌いでしょ、だからやらない選択をしましょう」という切り口です。こちらは、使いかた次第で大きな効果が期待できます。

芝生が踏まれて、困っています。注意書きの立て札をつくるとき、どう書いたら人は芝生に入らなくなるでしょう?

「芝生に入らないで」

↓あなたのメリットでしかない。

「芝生に入ると、農薬の臭いがつきます」

↓相手の嫌いなことからつくり、あなたのお願いを聞くこと(芝生に入らないこと)が相手のメリットに変わった。

「芝生に入らないで」と言われても、人は芝生に入るものです。ストレートに要望を言うのではなく、相手にとって入りたくなくなるよう、**「嫌いなこと回避」でコトバをつくる**のです。使いかたによっては、とても強い効果をだすことができます。

ただ、嫌いなこと回避は、使いかたに注意が必要です。強力なために使いすぎると、上から目線に伝わってしまうことがあるからです。他の切り口を使ったあと、どうにも相手が動かないときに、最後の手段として使うことをオススメしたいです。

「芝生に入らないで」

×　**あなたのメリットでしかない。**

「芝生に入ると、
農薬の臭いがつきます」

○　**相手の嫌いなことからつくり、**
芝生に入らないことが
相手のメリットに変わった。

「イエス」に変える切り口
7

「感謝」

こちらは、万能かつ人と接するときの基本ともいえます。太古の昔から人はお願いをかなえてもらうために「感謝」をしてきました。世界中の農業文化にある収穫祭も、感謝とともに来年の豊作への願いが込められていました。

「ありがとう」と感謝を伝えられると、ノーとは言いにくいことを昔から人は知っていたのです。

たとえば、人にたびたびアドバイスをもらいたいときは、

「これからも教えてください」
↓あなたのメリットでしかない。
「これからも教えてください。ありがとうございます！」
↓先に感謝を言われてしまうと、「ノー」と言いにくい。

ポイントは、「ありがとう」と言うタイミングです。お願いといっしょに「ありがとう」と言ってしまうのです。ふつうならば、何かをやってもらったその後に「ありがとう」と言うのが順番です。

ですが、この「伝え方のレシピ」のコツは、お願いをした瞬間に、相手がまだ何もしていない状態で、「ありがとう」まで言ってしまうのです。

「これからも教えてください」

✕ あなたのメリットでしかない。

「これからも教えてください。ありがとうございます！」

○ 感謝から入ると、「ノー」と言いにくい。

「イエス」に変える「７つの切り口」

①相手の好きなこと

デートしてください

→驚くほど美味しいラーメンどう？

②選択の自由

デザートいかがですか？

→フルーツタルトとマンゴーアイス、どちらかいかがですか？

③認められたい欲

残業お願いできる？

→きみの企画書が刺さるんだよ。お願いできない？

④あなた限定

会議に来てください

→他の人が来なくても、五十嵐さんだけは来てほしいんです

⑤チームワーク化

飲み会の幹事やって

→いっしょに幹事しよう

⑥嫌いなこと回避

芝生に入らないで

→芝生に入ると、農薬の臭いがつきます

⑦感謝

これからも教えてください

→これからも教えてください。ありがとうございます！

不可能に見えても
コトバのチカラで
突破できる。

第4章

「強いコトバ」をつくる技術

タイトル適当につけてない？

ついに編集長からイチ特を任せられた舞。夢にまで見たイチ特だったが、編集長からタイトルのダメ出しをされてしまう。あるとき、編集部員の会話にでてきたコトバから、「名言や、タイトルにも法則がある」ことに気づく。その法則とは？

締切は印刷所を止めておける明日23時までよ

ドッ
ワイ
ワイ
ガヤ
ガヤ
BB
10
ビービー
OCTOBER
定価670yen
「おしゃ」な人の
"スカーフ術"
JELL STUDENT
トレンド押さえたセットアップor重ね着OKなモテワンピ
やせて見える重ね着コーデ
コスパ最高の着回しアイテムで作る最新スタイル
最新コスメ
仲良しおでかけ1カ月コーデ
秋にはきたい新作スニーカー
nanaちゃんの可愛いに迫る
見本誌できたぞ
サッ
五十嵐さんまた企画が採用されたんですか
絶好調っスね
カタ
カタ
カタ
カタ
カタ
読者のこと考えて企画するようになったからね
小さな記事だけど…
けど…なんでそんな機嫌悪いんですか？
ムス
カタ
カタ
カタ
カタ
カタ
カタ
ああわかった
またタイトルを編集長に変えられたの気にしてるんですね？
ハハ〜ン
ピクッ

タイトルなんてどうでもいいのよ!!
センスないし
カタ カタ カタ カタ カタ カタ
ですよね
これよ
10月号
第一特集用企画案
否定しろよ
じゃあなんで?
本当に通したい企画が通らないのよ…
へ?
どういうことっスか?
これまで通った企画は結局ここ最近の企画の焼き直しみたいなのばっかり
着回し術
やっぱり私は世の中を動かすトレンドを生みたいのよ
なるほど
どんな企画通そうとしてるんっスか
ヌッ

五十嵐 舞
10月号 第一特集企画案
コスプレして可愛くなる
ドーン
え…し
と…とがってますね
ファッション誌っスよ
これをあの編集長がOKと言うとは思えない…
いいの
社会現象を起こすには思いきったことをやらないと
カタ
カタ
カタ
カタ
思いきりすぎっス
できたっ!
ターン
編集長見てください
今度こそっ
おいっ企画書は編集長じゃなくてオレを通せっ
ボツ
バタン
死んだ…
どうですか?
聞いてるのかっ!?
…

またまたボツでした
うぅ…編集長の壁が高い…
二階堂は保守的だからね
ピクッ
どうして変化を嫌うんだろう…マリアさん理由知ってますか?
さぁね
ぐっ
マリアさん
私の企画どこがダメなんでしょう?
面倒くさいわね
すみません…
コスプレって何よ
パラ
第一特集企画案
勝負服を着る
あんたさ
はいっ!

タイトル適当につけてない？
え…
企画って内容がよければいいと思ってるでしょ
は…はぁ もちろんそう思ってますよ
タイトルを編集長に変えられるってことがどれだけ大きな問題かわかっていないようね
トン トン
それじゃあいつまでたってもトレンドどころか
イチ特すら採用されないわ
いや…タイトルも大切だとは思っていますけど
中身のほうが大事ですよね

タイトルと内容はいっしょなのよ
タイトルを磨けば内容も磨かれる
このタイトルじゃあ読む気にもならない
キュ
脱
けど…こうしてみたらどう？
キュ
キュ
に
あっ
脱ぐために
勝負服を着る

『脱ぐために着る』！
どっちも内容は『勝負服を着る』という特集なのに
インパクトが全然違う
キュ
タイトルが目を引かなければ読んでもらう機会すら生まれないわ
特集　草食男子
草食男子のいるお店
弱い男なんて昔からいたけど
『草食男子』というコトバでトレンドになった
トレンドってそうやって生まれるのよ
コトバでトレンドに……
そういえば
私がBBを読み始めたきっかけは
「か弱い女子が最強」…か
気になるな
タイトルに惹かれたからだった…
10月号 第一特集企画案
脱ぐために
勝負服を着る
タイトルがゆるいと
企画がゆるくなる
どちらかが欠けてもいい特集にならないわ
もう一度タイトルからしっかり考えてみます
内容

悪いわね
せっかく来て
もらってるのに
大丈夫
ですよ
あの子ったら
仕事って…
ほら
一杯
飲もう
カタ
カタ
カタ
カタ
マリアさんの
言うとおりだ
タイトルが
締まると
企画のできも
全然違う
カタ
カタ
カタ
カタ
舞〜
まだ？
カタ
カタ
カタ
カタ
ゾーン中
カタ
カタ
翌日
新しい
企画です
バッ
だからっ
今回は
副編集長の分も
あります
サッ
編集長
いや…
先に見せろって
意味だったんだが…
…。
とにかく
読んでみて
ください

ダメ
ダメ
ダメ
ダメ
ダメ
スッ
トレンドは男パンツ
そういえばトップモデルのシオリも男性ものパンツはいてるって言ってました
そうなんだ
…

これなら
イチ特でも
いいわね
イチ特に…!?
すげぇ
おぉおおおっ
や…
やりやがった
おぉおおぉ
まさか
本当に
イチ特に
なるなんて
なんて
やつだ
や…
やった…
ぐっ

ついに 私の企画が イチ特に…
マリアさん
バッ
ついに イチ特に なりましたよ
いらっしゃ〜い
あれ… マリアさんは？
ママなら パリに行ってて 帰ってくるのは 1週間後よ
あ…
そうなん ですか…
旅行かな
せっかく ほめてもらいに 来たのに…
残念…
メールで 報告しておこう
ピッ
ピッ
ピッ
送信
パリ
ピピピッ

マリアさん ついにイチ特に 採用されました 嬉しすぎる～
ガチャ
ムッシュ マリア
ピッ
ムッシュとは 失礼な
マドモアゼルよ！

1週間後
うず うず
夢にまで見たイチ特…
うず うず
タイトルも表紙にバーンと表記されちゃう
BB
11
トレンドは男パンツ
ドーン
『トレンドは男パンツ』読んでみたい
ステキなタイトル
面白そう
BB トレンドは男パンツ
なんてことになるんだろうな
ぱあああ
ふふふ
ふふふふ
この一週間ずっとあれですよ
まあ許してやれ
表紙のデザインでき上がったぞ
ピラ…
ガタッ
待ってました!
バッ
『トレンドは男パンツ』表紙にバーン…
え…

BB
ビービー
NOVEMBER
定価 670yen
冬の勝負服は
色で攻めて！
nanaちゃん
体温上げる
“じゅわ”とメイク
ピンだけで作る
こなれヘアスタイル♪
人気BBモデルのワードローブ大公開！
オシャレな人の
男パンツ
お金も貯まる
お財布セレクション
身体が変わる
ダイエットの新常識
シルエットで選ぶ
今年のコート
おい…これって…
五十嵐さんタイトル差し替わってますね
ぐぐ
どうしてっ
編集長っ

納得できない
どうしてタイトルを変えたんですか!?
十分ではないと判断したのよ
あのタイトルじゃ売れないわ
そんなっ…
ダメ
けどっ
自分の頭の中をそのままコトバにしちゃ…
ぐっ
なにか7つの切り口をつかって…
上司ってね寂しいのよ
上司こそ認められたいの
なにやってんだバカヤロー!
自分の判断正しいのかな…

ここは『認められたい欲』
わ…私は編集長のようになりたいんです
だからもう一度タイトルをつけるチャンスを私にください
あなたに私を納得させられるタイトルがつけられるの？
…
やりますっ！
そう…
スッ
締切は印刷所を止めておける
明日23時までよ
ええっ
よしっ
編集長明日の夜だとギリギリすぎですよ！
ありがとうございます

できるとか
言って…
うぅ…
どれも
自信がない…
堂々めぐりして
いいアイデアが
でてこない
一度帰って
頭の中を
整理しよう
お疲れ様
でした…
コツ
コツ
つかれた…

ぬっ
明日までに
人を惹きつける
タイトル
つけられるのかな…
編集長の
タイトルには
その力がある…
私のには
それがない…
編集長は
持っていて
私にないもの
それは…
センス…
トッ
センスのない私が
タイトルなんて
書けるのかな…
あ…
携帯がない…
デスクの上だ…
編集長
まだ仕事
してるんだ…
!

BB
えええええ
マリアさんと
編集長がいっしょにいる!?
真鍋さん…
部外者が何しにきたの?
警備員呼ぶわよ
相変わらずセキュリティが甘いわね
本名で呼ぶのやめてくれる

五十嵐の企画通したんだってね
！
どうしてあなたが五十嵐さんと？
不思議な縁ってやつかな
…
それより二階堂
なぜ五十嵐のタイトルができるのを待ってるの？
あんたにしては甘いんじゃない？
なんでも知ってるのね
私がぜんぶ報告しちゃってるから…
すみません…
五十嵐は私に似ているわ…
だからそれは嫌っ
けど…
五十嵐だったら昔のBBのようなトレンドをつくれるかもって期待してるんでしょ
！

昔の
あんたにも
似ている
え…
とがってて
有名だった
あんたに
えっ？
あの編集長が？
若いころ
他社だったけど
あんたが
担当していた
雑誌は面白く…
くやしぃぃ～!!
この企画
どうやって
思いついたの!?
脅威だった
また返品率
上がった
らしいぞ
!
社長！
休刊は
もう少し待って
ください
部数は
上げます
し…
しかしだな…
お願い
です
信じて
くださいっ！
…

わかった…君を信じよう
ありがとうございます
相当力を入れてつくったようだったけど
取材いくぞ
はい!
もっと企画をねって
結局休刊…
小さい会社だったからそのあおりで会社も倒産
その後優秀なあなたはBBの編集長に大抜擢された
私はあんたとBBをつくることをワクワクしていたのよ…
あんたの仕事は『面白い雑誌づくり』から『終わらせない雑誌づくり』にシフトしてた
だから編集長は部数にこだわるんだ…
でも
失望したわ
…

さっきから くだらない ことを ダラダラと…
何が 言いたいのよ
応援しに 来たのよ
え…
もう一度 見たいのよ
あの 輝いていたころの あんたの雑誌を
今の五十嵐と だったら きっと戻れる

フッ
何笑ってんのよ
あなたも変わったわね
五十嵐さんのせいかしら
はぁ 冗談じゃないわよ
そんなことわざわざ言いに来たの？
たまたまそばに来たから寄っただけよ
翌日
スッ
お願いします

2人が
あんなふうに
思っているなんて
知らなかった
私がここで
頑張らないと
やり直し
くるっ
わかりました!
2人の
期待に
こたえないと
うーん
うーん
おい
プス
プス
そんなに根を
詰めてたら
でるものも
でないぞ
差し
入れだ
わぁ
みたらし
団子!
老舗
子屋
う…
みたらし団子
やめたんじゃ
なかったんスか
ひょい
『他が
まずくなるほど
うまい』
って有名なのに
老舗
ちょっとくらい
食ったって
大丈夫っスよ
『食べるダイエット』
ってあるじゃ
ないスか
え
ピクッ
ン
『他が
まずくなるほど
うまい』
って有名なのに
『食べるダイエット』
ってあるじゃ
ないスか
昔のBBに
似たタイトルが
あったような…

もしかして…
五十嵐さんっ どこ行くんですかっ
バッ
締切は今晩だろ
やっぱり
かわいい高見えコスパ服
か弱い女子が最強!!
美女と野獣
あれも
記録より記憶に残る選手になりたい
これも…
印象に残るコトバは似てる
どれも正反対のコトバが入ってる
間違いない! 強いコトバには法則性がある!
コトバはセンスだと思ってた
でも技術があるんだ!

で
コト
一日中
走り回って
何か
見つけたの？
ハァ
ハァ
ハァ
ハァ
ハァ
ハァ
ハァ
魅力的な
コトバの
つくりかたです
センス
なんかじゃ
なく
7つの
切り口のように
魅力的な
コトバにも
法則があるんじゃ
ないかって
街中を歩いたり
雑誌や広告で
法則を
調べてみたんです
いいわ
言ってごらん
!
まず
『反対のコトバを
組み合わせる』
方法です

たとえば『あなたが好き』と伝えたいとき『好き』と反対のワード『嫌い』をあえて手前に入れる
すると…
『好き』
反対
『嫌い』
『嫌いになりたいのにあなたが好き』
反対
ドキッとしませんか？
この間マリアさんにつけてもらったタイトルもこのパターンです
脱ぐために着る
反対
他にもこんな感じでつかえるんです
・誰もが敵になっても、私は味方です
反対
・泣けるほど笑えた
反対
どーん
次に
キュキュ
ゴソゴソ
メニューボード勝手につかわないでくれる
『驚きを演出してコトバを強くする』方法もあります
驚きのあるコトバを入れるだけで印象が強くなりますよね
そうだ
京都、行こう。
あ、
小林製薬
ドン
『びっくり！マリアさんがキレイ』とかね
失礼な

他にもあります『リピート』です
おもしろい話してるな
そうですね
これはカンタンで伝えたいコトバをリピートするだけ
相手の記憶にすりこむことができる
リピート
・逃げちゃダメだ
逃げちゃダメだ
（新世紀エヴァンゲリオン・碇シンジ）
・ポーニョ ポーニョ ポーニョ
さかなの子～♪
（崖の上のポニョ）
・人民の、人民による、
人民のための政治
（エイブラハム・リンカーン）
魅力的なタイトルは
これらの法則を駆使してつくられていると思うんです
よく気づいたわね
で
どんなタイトルにしたの？
それは今から
テヘヘ
印刷所待たせてんでしょ！
間に合わなくなるわよ！
バン
バン
バン
バン
早く考えて二階堂に伝えてきなさいいっ
は…はいっ
ブロロロロロ

まったく
世話の焼けるオンナね…
ガチャ
すみませんお待たせしました
五十嵐さん
印刷所には待ってもらっているぞ
タイトルは？
できました
ハァ
ハァ
ハァ
編集長
スッ
お願いします
カサ

かわいい女の男パンツ
いかがでしょうか？
ようやく売れるタイトルがつけられましたね

うぉおおおお
すげぇ
やったな五十嵐っ！
よく頑張ったわ
おおおぉ
編集長…
マリアさんやったよ
編集長大変ですっ
印刷所がもう印刷を始めるって言っています
！
貸してっ！
もしもしすぐにデータ送りますので
印刷もう少し待ってもらえませんか
ザワ
ザワ
ザワ
そんなこと言われても
こっちだって限界があるんです
けど…
スミマセンが時間がありませんので…
そ…そんなっ
だ…誰ですかっ どいてくださいっ
へ…

ドドン
こんなことになると思ったわよ
電話よこしなさいっ!!
オネエ!?
オネエ!?
オネエ!?
え…真鍋さん!! 辞めたハズじゃ~…
ま…真鍋さんあなたなの!?
二階堂さっさとデータを送りなさい!
五十嵐とトレンドをつくる雑誌にしたいんでしょ
あんた変わってないねぇ
近づくんじゃないわよぉぉ
こっちはなにがあっても止めるから
早くしなさい

泣いてるヒマはないわよ
はいっ!
あ……
やばっ……
気をつけろ
猛獣だ
かみつかれるぞ

「強いコトバ」をつくる技術

――感動スピーチも、映画の名セリフも、こうやればつくれる

誰にでも、強いコトバはつくれる

さあ、いよいよクライマックスです。「強いコトバ」をつくる、5つの技術をここで学んでいただきます。今まで意識したことのない、人の心を動かす世界。その扉を開けましょう。

「強いコトバ」をつくる技術
1

「サプライズ法」

――超カンタンだけど、プロも使っている技術

人はサプライズが好きです。サプライズを受けると、同じ内容であっても強い印象になりま

す。たとえば、誕生会。ふつうに誕生会をするのでも嬉しいと思いますが、知らされず極秘で進められた誕生会で、扉を開けたらみんなが待っていたとすると感動のレベルが何ランクも上がるものです。でも誕生会自体は同じなのです。同じケーキ、同じ人が集まっているにもかかわらず、サプライズのほうが人の心を動かします。

コトバでも同じです。驚くときに発するコトバが入っていると、それだけで人は注目してしまいます。

このサプライズ法をつくるレシピを紹介しましょう。

①伝えたいコトバを決める
②適したサプライズワードを入れる

この2つのステップです。

たとえば「京都、行こう。」をサプライズ法で書いてみましょう。

①伝えたいコトバを決める

↓ここでは、「京都、行こう。」全体ですね。

②適したサプライズワードを入れる

↓ここでは、「おおっ」「ほら」「そうだ」

といったものでしょう。

Before「京都、行こう。」

After「そうだ 京都、行こう。」

どちらが強い印象を与えるか、見ただけでわかりますね。

ほかにもCMでおなじみの「あ、小林製薬」も、サプライズワードの「あ」が入っていなかっ

サプライズ法のつくりかた

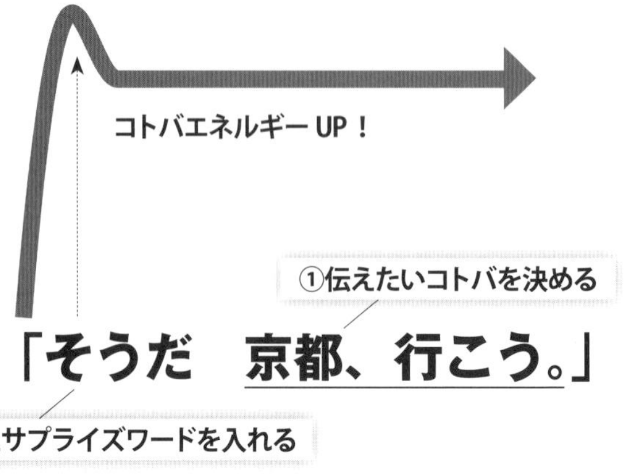

たら、ただの社名だけになってしまいます。

「サプライズワード」とは、サプライズ法に使われる驚きを表現するワードのことです。これは、たとえば、

「わっ、」
「あ、」
「びっくり、」
「そうだ、」

といった、あなたが驚いたときに表現するものです。人によってはいろんな驚きかたがあるでしょう。それは自由です。

[サプライズワード表]

「あ、」	「おおっ、」
「わっ、」	「え!?」
「そうだ、」	「うわ、」
「びっくり、」	「驚いた、」
「げげげ！」	「ほんと!?」
「ほほー、」	「信じられない、」
「そうなんだ！」	「(語尾に)!」

「強いコトバ」をつくる技術 2

「ギャップ法」

――スティーブ・ジョブズ氏、村上春樹氏も使う心を動かす技術

数々の人たちを感動させてきたコトバがあります。以下のコトバたちはすべてギャップ法を使えばつくることができるコトバです。

「海軍に入るくらいなら、海賊になったほうが面白い」

スティーブ・ジョブズ

「事件は会議室で起きてるんじゃない！　現場で起きてるんだ!!」

『踊る大捜査線』青島俊作

「お前の為にチームがあるんじゃねえ　チームの為にお前がいるんだ!!」

『SLAM　DUNK』安西先生

「高く、堅い壁と、それに当たって砕ける卵があれば、私は常に卵の側に立つ」

『エルサレム賞受賞スピーチ』村上春樹

これらのコトバは多くの人たちの胸を打ってきました。それをあなたもつくれると思うとワクワクしませんか？　この本を読んでいるあなたなら、「人を感動させたい」、そう思ったことがあると思います。人を感動させられるようなコトバなんて、そうは言えるものじゃなかったですよね。

でも、それは人の心、感情の動かしかたを知らなかった今までだから。コトバエネルギーを最大限にする方法を知らなかっただけなのです。たとえば、今までは、

「あなたが好き。」

と言っていました。ストレートな言いかたです。これを基準に考えてみましょう。
ここに、コトバエネルギーを高められる方法があります。それは、**スタート地点を下げ、言いたい意味に、ギャップをつくってあげるのです。**

「嫌いになりたいのに、あなたが好き。」

あえて、「好き」と反対のワード「嫌い」を使ったことにより、強いギャップが生まれます。すると「好き」が強く伝わるのです。ここで、たまたま思いついて「嫌い」というコトバを入れたのではありません。意識して、反対のコトバを入れることで、強いギャップをつくりだしたのです。

ギャップ法のつくりかたを、説明しましょう。

①最も伝えたいコトバを決める。
②伝えたいコトバの正反対のワードを考え、前半に入れる。
③前半と後半がつながるよう、自由にコトバを埋める。

たったこれだけです。カンタンですよね。

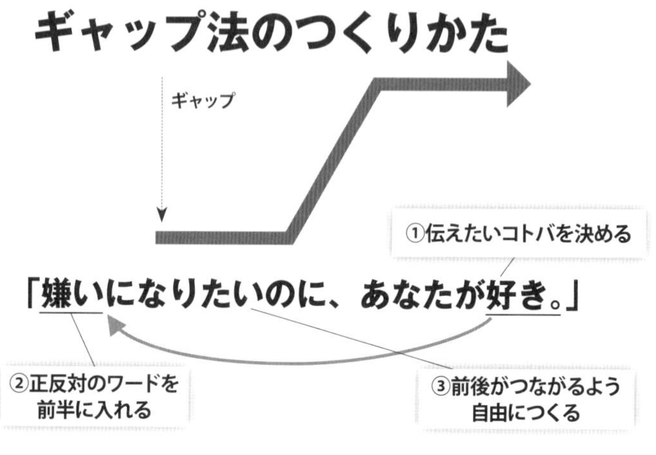

「強いコトバ」をつくる技術 3

「赤裸裸法」

――あなたのコトバを、プロが書いたように変える技術

あなたの脳裏に焼きついて離れないコトバがあると思います。

「上を向いて歩こう　涙がこぼれないように」　『上を向いて歩こう』　永六輔
「息を切らしてさ　駆け抜けた道を」　『終わりなき旅』　Mr.Children
「朝、目が覚めると泣いていた」　『世界の中心で、愛をさけぶ』　片山恭一

これらはすべて「赤裸裸法」でできています。**「赤裸裸法」はあなたのコトバに、体温を感じさせ、ときに詩人のようなニュアンスをつくりだすことのできる方法**です。歌詞や映画のセリフにも使われます。いつも、自分のコトバが平凡だな、と思うことがあるとしたら、それがいきなりイキイキとした生命力あふれるコトバに変わります。自分でも恥ずかしいくらいに。

赤裸裸法は、自分の肌感覚に素直になる方法です。たとえば

「くちびるが震えてる。あなたが好き。」

と言うと、自分の心の中からの赤裸裸なコトバに感じますよね。伝えた相手の心にぐっとくる言い回しだと思います。これにも、つくりかたがあります。見てみましょう。もともとのコトバはこちらです。

「あなたが好き。」

赤裸裸法で、このコトバを料理してみましょう。

赤裸裸法は、ふだん意識していない、自分の感覚に向き合います。人間としてそれがあたりまえだから、今までコトバにしなかったものを、あえてコトバにするのです。「あなたが好き」と思っているとき、あなたのカラダはどうなっているでしょう？　こたえは、あなたのカラダに聞けばいいのです。そしてありのままコトバにすればいいのです。

人に「好き」と言うときに、あなたのカラダはどう反応していますか？　まずは顔まわりで考えてみましょう。

顔はどうなりますか？　「赤くなる」
のどはどうなりますか？　「カラカラになる」
くちびるはどうなりますか？　「震える」

この、どれを使ってもいいのです。いつもはコトバにしていない赤裸裸な感覚をコトバにするだけで、コトバはイキイキするのです。

「あなたが好き」の前に入れるだけで、こんなに体温を感じるコトバに変わるのです。どれを入れたとしても相手をぐっと惹きつけますよね。

こういうコトバは、天から降ってくるものと、私自身も思っていました。ですが、きちんとあるのです。つくりかたのレシピが。天才的な文章を書く人は、突然ひらめき、こういうコトバを書くこともあるでしょう。ですが、ひらめかなくてもつくれるのです。レシピを知っていれば。

どうやって赤裸裸なコトバをつくれるか、順を追って説明しましょう。

①最も伝えたいコトバを決める。
②自分のカラダの反応を赤裸裸にコトバにする。
③赤裸裸ワードを、伝えたいコトバの前に入れる。

赤裸裸法は②がポイントです。ふだんは感じてもコトバにしなかったことを、**あえて赤裸裸にコトバにする**のです。次の表から選べば、容易につくれるでしょう。

赤裸裸法のつくりかた

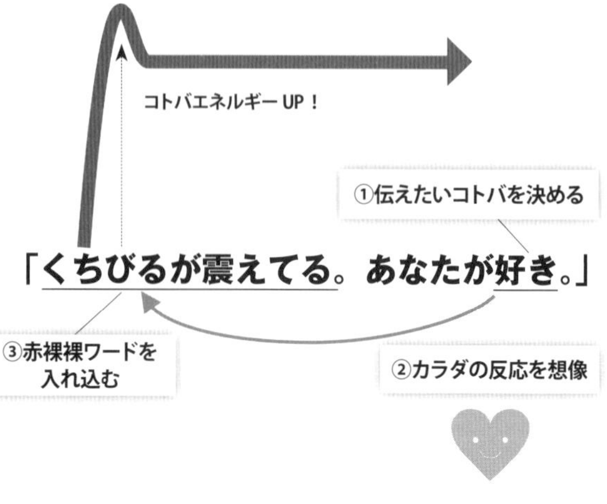

コトバエネルギーUP！
①伝えたいコトバを決める
「くちびるが震えてる。あなたが好き。」
③赤裸裸ワードを入れ込む
②カラダの反応を想像

［赤裸裸法 質問表］

顔は？　　　↓顔が真っ赤、～。
のどは？　　↓のどがカラカラ、～。
くちびるは？↓くちびるが震えてる、～。
息づかいは？↓息ができない、～。
目は？　　　↓目が合わせられない、～。
うぶ毛は？　↓すべてのうぶ毛が立っている、～。
肌は？　　　↓汗ばんでいる、～。
頭の中は？　↓頭の中がまっ白、～。
手のひらは？↓手にじわり汗が、～。
指の先は？　↓指先がじんじんする、～。
血のめぐりは？↓じぶんの鼓動がわかる、～。

「強いコトバ」をつくる技術 4

「リピート法」

――相手の記憶にすりこみ、感情をのせる技術

何かを暗記したいときってどうしますか？　くり返し口に出したり、紙に書いたりしますよね。これは自分にだけじゃなく、相手にも有効です。リピートして聞かせることで、聞き手の記憶にすりこむことができるのです。たとえば幼少期に聞いた童謡は今でもすらすら出てきますよね。もうはるかなる昔なのに覚えていますよね。

さいた　さいた　チューリップのはなが～♪
桃太郎さん　桃太郎さん　お腰につけた～♪
まいにち　まいにち　ぼくらはてっぱんの～♪
ドラえもん　ドラえもん　ホンワカパッパ　ホンワカパッパ～　ドラえもん♪

これらはすべて、リピートでつくられています。当時両親が話していたことは覚えていなくても、リピートでつくられた童謡は、はっきりと覚えているのです。それはたまたまではありません。記憶に残るように歌詞が構成されているのです。作詞家が意識して書いたかどうかはわかりませんが、結果として時代を超えて残っている童謡は、ほぼすべてリピートを使っています。もし、リピートがなく

さいた　チューリップのはなが～♪

だけだったとしたら、ここまでのメジャー曲にはならなかったと思いませんか？

さいた　さいた　チューリップのはなが～♪

このリピートがあったから何世代にもわたって歌い継がれているのです。記憶に残すことにくわえて、「さいた　さいた」と2回くり返すことでチューリップがさいたことへの喜びが伝わってきます。つまりリピートすることで感情をのせることができるのです。

リピート法は日常のコミュニケーションでも絶大な効果があります。たとえば

「今日は暑い。」

より

「今日は暑い、暑い。」

のほうが、「今日は暑い」という感情が強く伝わってきます。
コトバがリピートすると、心からそう思っているように伝わり、強く印象的に伝わります。
リピート法をつくるのにも2つのステップがあります。

①伝えたいコトバを決める。
②くり返す。

これだけです。リピート法は「強いコトバ」をつくる技術で最もカンタンな方法といえます。

リピート法のつくりかた

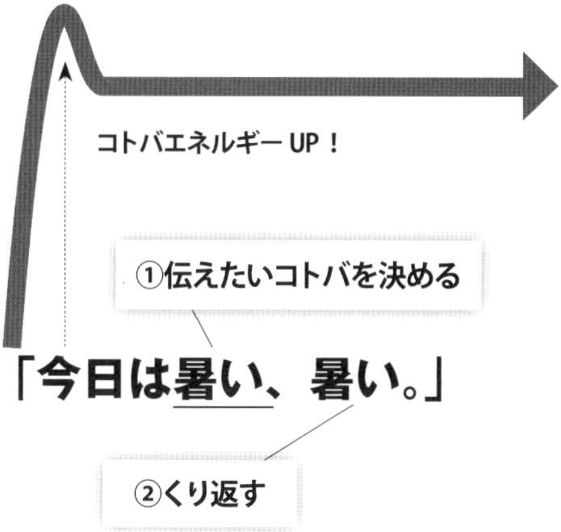

「強いコトバ」をつくる技術
5

「クライマックス法」

——寝ている人も目をさます、強烈なメッセージ技術

人の集中力は、20分といわれています。ですから授業や会議の後半に、集中力がとぎれてしまうのはしかたがありません。「眠くなるのは、やる気がないからだ」という精神論はナンセンスです。もともと人間はそこまで集中力を保つことができないのです。その一方で、スピーカー側からすると自分がせっかく話しているのに、相手に眠られてしまうほど屈辱的なことはないですよね。この「クライマックス法」は、とぎれかけた相手の集中力を戻し、あなたの話にもういちど食いつかせることができる技術です。会議や講義で眠くなっているときに、

「これだけは覚えてほしいのですが、～」

と言われると、思わず話している人を見てしまいますよね。これがクライマックス法です。

この技術は、あなたが伝えたいと思っている相手に「これから重要な話が始まるんだ、聞いておかなくては！」と思わせて、集中力のスイッチを入れることができます。

このクライマックス法は、ロケット発射直前の「3、2、1」と同じです。そのアナウンスがあるといやが上にも期待が高まりますよね。カウントダウンが聞こえたとして、その方向を向かないでいられる人は、非常に数少ないはずです。今までは、ロケット（伝えたい話）をカウントダウンなしに打ち上げていた人も多いと思います。相手にしてみれば、知らない間、他のことを考えている間にロケットが飛んでいたということもあるでしょう。事前にカウントダウンを伝えてあげることで、あなたの伝えたいことが的確に集中力をもって聞いてもらえるようになります。

この他にも、クライマックスをつくるのには以下のようなコトバがあります。

「ここだけの話ですが、〜」
「他では話さないのですが、〜」
「誰にも言わないでくださいね、〜」

「これだけは、忘れないでください、〜」
「一言だけつけくわえますと、〜」
「ワンポイント・アドバイスですが、〜」
「3つのコツがあります、1つ目が〜」

などです。

クライマックス法をつくるのには、2つのステップがあります。

①いきなり「伝えたい話」をしない。
②クライマックスワードから始める。

クライマックス法のつくりかた

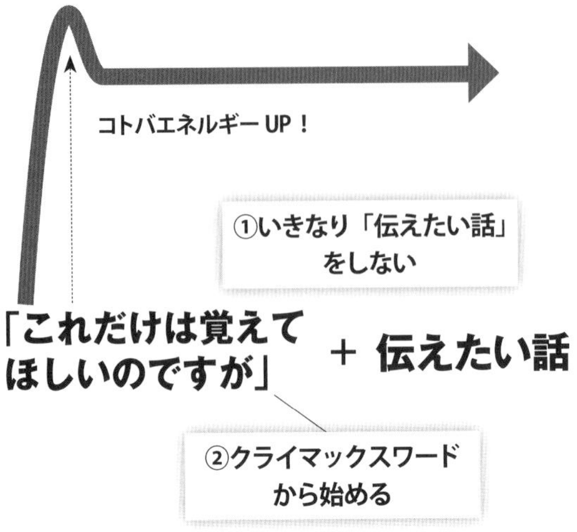

「強いコトバ」をつくる技術

❶サプライズ法
超カンタンだけど、プロも使っている技術

❷ギャップ法
スティーブ・ジョブズ氏、
村上春樹氏も使う心を動かす技術

❸赤裸裸法
あなたのコトバを、プロが書いたように
変える技術

❹リピート法
相手の記憶にすりこみ、感情をのせる技術

❺クライマックス法
寝ている人も目をさます、
強烈なメッセージ技術

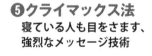

マリアさん新刊のBBできましたっ!
まぁまぁね
素直じゃないですね
初めてのイチ特にしては及第点《きゅうだいてん》
バサッ
次は満点狙います
それよりなんですか?この荷物
パリに行くの
またパリですか?
今度パリの『90』って雑誌の日本版が創刊されることになってね わたしが編集長になったのよ
ええ!
超一流誌じゃないですか
これからパリの本社で打ち合わせよ
それじゃあこの前パリに行ってたのは
面接よ
私を面接なんて生意気よね
けどどうして急に…
お店できたばかりなのに…
言いたくないけど私もあんたに教えられたの
え

雑誌づくりは楽しいものなんだって
もう一度本気でやりたくなったのよ
BB
ビービー
NOVEMBER
BBには絶対に負けないから
望むところです
けど…マリアさんってホントに私に似てますね
あんたがでしょっ!

おわりに

舞の次は、あなたです。

ここまで読み進めたあなたには、「コトバは、ひらめくものではなく、つくれるんだ」ということをわかっていただいたと思います。世の中の「いいコトバ」は、ただ奇跡的に「いい」のではなく、「いい理由」と「その再現のしかた」があることを知っていただきました。

技術をひとつでも使っていただけること。それだけで、この本の目的は達成できます。でもコトバに興味のあるあなたには、次の宝探しの旅に出てほしいと願います。

舞がコトバで苦しんでいたとき、

「脱ぐために着る」

「美女と野獣」

は同じ技術「ギャップでつくられている！」と発見したように、あなたもまた別の技術を発見できるはずです。人生の中で出会ってきた、素敵なコトバ。それはただ素敵なだけでなく、理由があるのです。そしてその理由を見つけたとき、再現ができるようになります。あなたの技術となるのです。

そろそろ舞と、お別れのときがきました。

でも大丈夫。既に舞だけでなく、あなたも「ノー」を「イエス」に変える技術と、「強いコトバ」をつくる技術を手に入れました。まだ世の中の多くの人たちは、その存在さえ知りません。あとは、動きだすだけです。

でも迷うときがあったら、覚えておいてください。いつでもページを開けば、舞はあなたのそばにいます。

あなたの未来が、今まではなんだったんだ？　と思うほど嬉しいことで溢れますように。体中のうぶ毛が立つような感動が連続する人生を、つくりだそうじゃありませんか。

次は、このページをめくった、あなたの手で。

佐々木圭一

女の

この本をプロデュースしていただいた土江英明さん、飯沼一洋さん、棚原響子さん、戒能陽子さん、吉野永里子さん、そして導いてくれた杉村太郎さん。この方々がいなければ、1ページとしてこの本ができることはありませんでした。本当にありがとうございます。

本の印税の一部を、世界の子どもたちの識字率向上に使わせていただくことにしました。コトバを手に入れることで、子どもたちは学校に行ったり職を手に入れるチャンスができます。

小さいころにコトバを学んだかどうかで、人生がまるで変わるのです。識字率の低い地域の学校で、本やアルファベット表がひとりひとりに配られます。この本を買ったあなたも、アジアをはじめとした子どもたちに、コトバをプレゼントしたひとりです。

『伝え方が９割』シリーズを読んでいただいた
皆さまの印税で、カンボジアの小学校に
図書室が完成しました。ありがとうございます。

参考文献

『シンプルに考える』　森川亮（ダイヤモンド社）
『新企画』　鈴木おさむ（幻冬舎）
『起業家』　藤田晋（幻冬舎）
『運命をひらく』　本田健（PHP研究所）
『まや道』　小林麻耶（小学館）
『人間は9タイプ』　坪田信貴（KADOKAWA/アスキー・メディアワークス）
『すべての女は、自由である。』　経沢香保子（ダイヤモンド社）
『マンガでわかる! 10才までに覚えたい言葉1000』高濱正伸：監修（永岡書店）
『何を捨て何を残すかで人生は決まる』　本田直之（青春出版社）
『「行動力」の育て方』　安藤美冬（SBクリエイティブ）
『情熱の伝え方』　福岡元啓（双葉社）
『伝わる力』　橋谷能理子（プレジデント社）
『限界の正体』　為末大（SBクリエイティブ）
『半径5メートルの野望　完全版』　はあちゅう（講談社）
『すごいメモ。』　小西利行（かんき出版）
『田中里奈の週末台湾』　田中里奈（宝島社）
『杉村太郎、愛とその死』　杉村貴子（河出書房新社）
『アツイ コトバ』　杉村太郎（中経の文庫）

SPECIAL THANKS

あつみゆりか、阿部太一、安藤輝彦、飯島真梨、石井貴士、石渡晃一、板橋めぐみ、市川治夫、伊藤憲一、伊東千恵、井藤融、伊藤理子、井上直、岩田松雄、有賀史英、五十嵐久美子、池田るり子、石岡沙保、猪熊真理子、上岳史、牛尾典之、浦前忠彦、栄次崇之、江上佳弥子、江辺香織、遠藤努、大村椿、岡村宗勇、大和田宇一、オカヒデキ、奥村彰浩、落合恵、小野顕、垣花正、梶賢太、加藤貴恵、刈内一博、川崎美穂、姜尚中、北川哲、北村賢治、橘田昭、熊谷智宏、栗城史多、栗山明奈、国分禎雄、小霜和也、小林幸子、小林正晴、小柳俊郎、坂井良美、坂口春奈、佐古慶介、佐々木恵美、佐々木らら、佐々木七、佐藤純子、佐藤統二郎、佐藤浩輝、品田モリヤ、篠原一郎、John Wood、白井浩明、白石堅太郎、白石小百合、白木夏子、末岡真理子、鈴木康平、鈴木純子、住吉美紀、迫慶一郎、高島宏平、高橋伊津美、高橋一晃、高橋朋宏、高原葵、高山武佐士、滝澤真一郎、竹下美佐、立花岳志、太治美穂香、伊達仁、谷口洋輔、田村有樹子、千葉昭人、千葉智之、槌田あゆみ、坪谷美智子、出口直子、寺尾安博、土井英司、藤榮卓人、遠山一、徳永琴美、中井信之、永田誠、中西哲生、柳楽祥、西浦景子、西川雅志、西沢泰生、二宮真鈴、Nonie Kaban、野村邦丸、橋谷能理子、長谷川みさ江、長谷川洋子、花澤太朗、林修、林田純治、原田大輔、原田まりる、春田航希、常陸佐矢佳、比舗興人、平塚一恵、平本直之、広瀬一輝、フェルディナントヤマグチ、船津展子、古田敦也、前田かな、前田剛、増田啓、松井未來、松尾美子、松丸佳穂、松本憲一郎、松山奨、道下亮一、宮腰菜苗、宗形英作、村田泰介、村松弘一、村山大、森川亮、安原マリック勇人、柳内啓司、柳橋育子、山口一美、山下亜純、山下伸児、山根孝之、山本直希、山本幸裕、吉田哲、吉田正樹、吉田瑞希、米倉佐世子、和田史子、和田裕美、渡辺資、渡辺ミキ（五十音順。敬称略）

［著者］
佐々木圭一（ささき・けいいち）
コピーライター／作詞家／上智大学非常勤講師
新入社員時代、もともと伝えることが得意でなかったにもかかわらず、コピーライターとして配属され苦しむ。連日、書いても書いてもすべてボツ。紙のムダということで当時つけられたあだ名は「最もエコでないコピーライター」。ストレスにより１日３個プリンを食べる日々をすごし、激太りする。それでもプリンをやめられなかったのは、世の中で唯一、自分に甘かったのはプリンだったから。あるとき、伝え方には技術があることを発見。そこから伝え方だけでなく、人生ががらりと変わる。本書はその体験と、発見した技術を赤裸裸に綴ったもの。
本業の広告制作では、カンヌ国際広告祭でゴールド賞を含む3年連続受賞、など国内外55のアワードに入選入賞。企業講演、学校のボランティア講演、あわせて年間70回以上。郷ひろみ・Chemistryなどの作詞家として、アルバム・オリコン1位を2度獲得。「世界一受けたい授業」「助けて！きわめびと」などテレビ出演多数。株式会社ウゴカス代表取締役。
伝えベタだった自分を変えた「伝え方の技術」をシェアすることで、「日本人のコミュニケーション能力のベースアップ」を志す。

著者連絡先
佐々木圭一公式サイト: www.ugokasu.co.jp

Facebook: k1《イチ》countryfree
Twitter: @keiichisasaki

まんがでわかる　伝え方が９割

2017年１月26日　第１刷発行
2017年２月22日　第３刷発行

著　者――佐々木圭一
シナリオ――星井博文
作画――――大舞キリコ
編集協力――トレンド・プロ（棚原響子、戒能陽子）
発行所――ダイヤモンド社
〒150-8409　東京都渋谷区神宮前 6-12-17
http://www.diamond.co.jp/
電話／03·5778·7227（編集）03·5778·7240（販売）
装丁――――水戸部功
本文デザイン・DTP――中井辰也、藤田文子
製作進行――ダイヤモンド・グラフィック社
印刷――――ベクトル印刷
製本――――ブックアート
編集担当――土江英明、飯沼一洋

ISBN 978-4-478-06864-9